気をつけろ、トランプの復讐が始まる

宮家邦彦
Miyake Kunihiko

PHP新書

気をつけろ、トランプの復讐が始まる　目次

第2章　第一期トランプ政権を振り返る

第3章　第二期トランプ政権のシナリオ

第4章　トランプはロシア・ウクライナ戦争を止める？

第5章　第二期トランプ政権でますます混乱する中東

第6章　米中貿易戦争パート2がやってくる

第7章 インド太平洋――朝鮮半島危機と台湾有事に備えよ

第8章　安倍元首相なき日本の「もしトラ」生存戦略

序章 「もしトラ」から「ほぼトラ」へ？

「すべての歴史は両極端間にある世界の振動の記録にすぎない。歴史の一期間とは振り子のひと振りでしかないが、これがつねに動いているので、各世代は世界が進歩していると思っている」

（ジョージ・バーナード・ショー）

まず読んでいただきたい問題意識

ドナルド・トランプ氏が米大統領選挙に「勝利」してから2024年ですでに8年、「敗北」してから4年もの歳月が流れた。米国では4年に一度の大統領選サイクルが佳境にあるが、驚くべきことに、つい10年前なら思いもつかない万華鏡のような政治事象が、いま現実に起きつつある。4年前の敗北をいまも認めない前大統領が有罪評決を受けながらも、史上稀(まれ)に見る低支持率に喘(あえ)ぐ現職大統領に挑むという世にも奇妙なリターンマッチかと思ったら、現職大統領が投票日の3カ月半前に選挙戦から撤退する波乱の展開だ。

日本にも米大統領選挙のマニアは少なからずいる。だが、米大統領選挙のことなら、筆者も知らないわけではない。初めてアメリカ中西部の大学に留学し、米国の選挙システムを勉強したのは1976年のこと。それ以来、ほぼ半世紀、アメリカ合衆国の選挙制度と大統領選挙の変遷を、自分なりに強い関心をもって追ってきた。それでも、今回ほど結果の予測が難しい大統領選挙は、２０００年のゴア・ブッシュ接戦を除けば、ちょっと思いつかない。

ところがＰＨＰ新書編集部からは、「今年11月の米大統領選挙で再びトランプ氏が当選したら、米国はどうなるのか、国際情勢にはどのような余波が及ぶのか、そして日本はトランプ大統領の米国にどう向き合うのか。外交・安全保障を中心に世界の展望を見据え、日本の対応策を考える本」を書くよう依頼された。原稿の締切が近づくにつれ、深く考えずに安請け合いしたことを悔やんだものだが、もうあとの祭りだ。さて、どう書いたものか。

◉――歴史の大局観と足元の相場観

あれこれ思い悩んだ末に、ふと、歴史に関する興味深い格言が脳裏に浮かんだ。

「すべての歴史は（筆者注：善悪、天国と地獄など）両極端間にある世界の振動の記録にすぎない。歴史の一期間とは振り子のひと振りでしかないが、これがつねに動いているので、各世代は世界が進歩していると思っている」

冒頭でも紹介したこの言葉を残したのはジョージ・バーナード・ショー、アイルランドの劇作家で文学者、脚本家、評論家、政治家、教育家、ジャーナリストでもあった才人である。なるほど、いまトランプ氏の再選が叫ばれる戦いの歴史的意味を考えるうえでは、じつに参考になる言葉だ。もしショーの言うとおりなら、いま米国の大統領選挙はいかなる「振動」のなかにいるのか？　民主党も共和党も、この振り子の動きを「進歩」だと誤解しているだけではないのか？

さらに考えれば、仮に今回トランプ氏が勝利しても、両極端の間で揺れる「振動」は止まらないのか。その「振り子」が一方の「極端」まで振れ切っていない可能性はないのか。逆に言えば、今回の選挙でトランプ氏が勝利しても、しなくても、米国内政の「トランプ現象」は今後も続くのではないか。されば、今年の大統領選挙の結果だけで米国という国家の行く末を占うのは要注意、ということにはならないのか。これらが筆者の現在の仮説である。

もちろん、こうした「仮説」に対しては有力な反論がありうる。「いまの米国は長期衰退のプロセスに入った。20世紀末にピークに達した米国の国力は徐々に衰え始め、人種的、地域的、経済的、宗教的な米国社会の分断はますます激化している。しかも、おそらくそのプロセスは不可逆的であり、もう昔のような米国のリーダーシップは戻ってこない。これが足元の相場観であり、もっと現実を直視すべし」と主張する声だ。たしかに、その主張にも一理はあろう。

●――「もしトラ」を前提としてはいけない理由

米大統領選に関して日本でも、気の早い人たちは「もしトラ」（もしトランプが再選されたら）とか、「ほぼトラ」（ほぼトランプ再選は決まった）などと言い出している。

だが「もしトラ」とは、結局選挙戦から退いた弱いバイデン候補以外に民主党の「有力候補がいない」ということでしかなかった。また「ほぼトラ」とは、「共和党予備選に限れば」トランプ候補の勝利が決まった、というだけの話だろう。

筆者は「もしトラ」を前提とした書籍を現時点で書くような「知的勇気」を持ち合わせていない。「競馬の予想屋」じゃあるまいし、9月第1週のレイバーデー（労働者の日）・ウィークエンドまでは踏み込んで予想するつもりはない。理由は簡単。同週末は米国で夏休み最後の連休となる時期であり、昔から無党派有権者の多くはそのときの米国経済情勢を見たうえで投票態度を決めると言われているからだ。

すでに2024年3月に行なわれた世論調査でも、サウスカロライナ州でトランプ氏に投票した共和党員のなかで「今後トランプ氏が有罪となれば、投票態度を再考する」と答える有権者が多かった。2024年5月30日にトランプ候補は、ポルノ女優への不倫口止め料支払いに関するニューヨーク州の刑事裁判で有罪評決を受けた。CNNなど中道・リベラル系メディアはこのニュースを連日勝ち誇ったかのように逐一報じている。

トランプ氏が抱える裁判の行方は11月5日大統領選投票日における無党派層の投票行動を左右するに違いない。対するバイデン氏も6月27日のテレビ討論会での「老醜（ろうしゅう）」は目を覆（おお）うばかり。民主党内で「バイデン降ろし」が始まり、7月21日、選挙戦からの撤退を表明した。

今年の共和党大会は7月中旬にミルウォーキーで開かれ、民主党大会は8月中旬にシカゴで開催されるが、何が起きるか正直言ってよくわからない。共和党大会の2日前にはトランプ氏が銃撃され、民主党ではバイデン氏が、後任として副大統領のカマラ・ハリス氏の支持を決めたが、彼女の評価はあまり芳しくない。

今回は、従来の大統領選挙戦ノウハウを知る者にとっても、まったく異例の、予測不能な、新しい「政治プロセス」が始まる可能性が高い。

演説中に銃撃を受けた後、拳を突き上げながら会場を去るトランプ氏（2024年７月13日、米東部ペンシルベニア州バトラー）

◉――それでも「もしトラ」は無視できない

　というわけで、本書はトランプ候補の勝利を前提とした予想本ではない。筆者の関心は、今年の大統領選挙の「勝者が誰か」よりも、「トランプ現象」の背後に見え隠れする米国社会の大きな潮流が、いかなる方向へ進むか、そして世界や日本にどのような影響を及ぼすか、である。仮にトランプ氏が落選しても、それで「トランプ現象」自体は終わらない。「トランプ現象」はトランプ氏個人がつくった政治現象ではない。「トランプ現象」の本質は「少数派に転落する経済弱者白人層の逆襲」だからだ。

　本書における筆者の仮説は、冒頭で紹介したショーの言う「歴史」と「世界」を「政治」に置き換えてみれば、「すべての政治は両極端間にある政治の振動の記録にすぎない。政治の一期間とは振り子のひと振りでしかないが、これがつねに動いているので、各世代は政治が進歩していると思っている」となる。だが、これだけでは聡明な読者の方々に満足いただけないだろう。万一、本当に「もしトラ」になってしまったら、おそらく世界は「大混乱」に陥(おちい)るからだ。

◉──トランプ再選の悪いニュースと良いニュース

ワシントンには当初、今回の大統領選挙を「老人(バイデン)vs狂人(トランプ)」と評する向きすらあった。それはともかく、もし本当にトランプ候補が勝利した場合、米国の安全保障政策が再び大きく変化する可能性は、残念ながら否定できない。詳細については本編を熟読いただくこととし、ここでは筆者の現時点でのトランプ再選に関する見立てを、悪いニュースと良いニュースに分けて、以下のとおり披露することとしたい。

【悪いニュース】

①外交・対外関係に関する比重は低下

「トランプ現象」の本質は米国内政の不可逆的な変化、とくに「少数派経済弱者に転落する白人男性・低学歴労働者・農民層の逆襲」であり、第二期トランプ政権の優先順位は内政となる。されば、外交の比重が低下するのはおそらく不可避であろう。

②トランプ候補の特異な性格

一部には、トランプ候補は「自己愛性パーソナリティ障害（NPD）」、すなわち「自己評価が過剰に高く、他者からの賞賛を欲するが、異常なほど自信がなく、自己の失敗を認めない」性格の持ち主との評すらある。真偽は不明だが、第一期トランプ政権を見れば頷（うなず）ける分析である。

③反対派の大量粛清

第二期トランプ政権の最大関心事は「闇の政府（ディープ・ステート）」への報復となるだろう。過去8年間自分を批判してきた（おそらく、トランプ氏より能力のある）政治家・官僚に対し徹底的に復讐（ふくしゅう）するはずだ。数少ない共和党良識派が大量粛清（しゅくせい）される恐れもある。

④戦略のないトランプ外交

第二期トランプ外交は、国際的関与が前提だった従来の米外交とは異なるので、「戦略性」を見失う恐れがある。トランプ氏は外交よりも内政、とくに自己の名誉回復に最大の政治的精力を傾注する可能性が高いからだ。

⑤NATO（北大西洋条約機構）同盟は弱体化？

トランプ氏の対露宥和政策でNATO同盟は弱体化し、欧州「第二冷戦」は西側の敗北となるかもしれない。

⑥混乱が続く中東地域？

中東では米国の軍事関与が一層低下するが、トランプ政権のイスラエル支持は変わらない。されば、ガザ戦争で窮地に追い込まれたネタニヤフ首相が復権する一方、米国との対決は不可避と覚悟を決めたイランが核武装に向かう恐れすらある。

⑦対中抑止が弱体化するインド太平洋？

インド太平洋方面では、同盟国を重視しないトランプ政権のもと、従来の同盟強化の議論に代わり、貿易戦争が再発する恐れがある。経済面、軍事面で米中間の緊張状態は続くだろうが、QUAD（日米豪印戦略対話）や同盟国との連携は停滞するだろう。

【良いニュース】

①トランプ本人の経験の蓄積

さすがのトランプ氏も4年間、曲がりなりにも米国大統領職を経験している。生来の癖や性格は変わらないだろうが、大統領に就任した２０１７年当時ほど予測不能な統治は行なわないのではないか、という淡い楽観論もないわけではない。ただし、これぱかりはやってみないとわからない。

②国民・スタッフのトランプ慣れ

仮にトランプ氏が変わらないとしても、トランプ氏の側近やスタッフの多くはトランプ式意思決定に慣れているはずだ。２０１７年以来、彼らの多くはトランプ氏の性格を逆手(さかて)に取りつつ、米国にとって望ましい政策を不完全ながらも立案実行してきた。

③同盟国の巧みな対応

この点は米国の同盟国も同様に違いない。第一期トランプ政権発足以降、西欧ＮＡＴＯ諸国はトランプ氏の言説に文字どおり翻弄(ほんろう)されていた。当時は「日本の安倍首相はなぜトランプとウマが合うのか」とよく聞かれたものだ。彼らのトランプ「慣れ」の研究もかなり進んだに違いない。

④翻弄される中露イラン北朝鮮等

トランプ氏の予測不能性が最も発揮されるとすれば、むしろ中露など潜在的敵対国に対してではないか。とくに、これらの国々が国際政治上問題のある行動を新たに取った場合に、トランプ氏がいかに反応するかは、本人も含めて誰も予測できない可能性がある。

本書の構成と論の進め方

本書ではまず第1章で、トランプ再選の可能性を探りつつ、これから米大統領選挙をいかに楽しむか、について解説する。そこでは１９７６年以来、米大統領選を見てきた筆者のこれまでの経験則を紹介しつつ、今回の選挙がこうした経験則をいかに破壊し、「無用の長物」化させたかについても詳述したい。

そのうえで、過去約10年もの間、なぜトランプ氏が一部の米国人から圧倒的な支持を得ているのか、なぜ米国のあの誇り高き共和党が「トランプ現象」に乗っ取られてしまったのか、さらに第2章では、第一期トランプ政権とバイデン政権の功罪について、可能な限り詳しく論じてみたい。

続いて、第3章では「もしトラ」第二期トランプ政権がどのような政策を志向するか、どのような人物が閣僚・高官になっていくのかについて掘り下げていく。

その後第4章では、第二期トランプ政権に「ロシア・ウクライナ戦争を決着させる」ことは可能かを含め、主としてNATO欧州方面の国際情勢がいかに変わりうるかについて論じる。さらに、現在のNATOにどのような影響が及ぶか等についても考えてみたい。

第5章では中東地域に焦点を当てる。第二期トランプ政権で中東がますます混乱する可能性はないのか。仮に、混乱が不可避である場合、とくにイスラエルとイランの動向について詳しく論じる。

続いて、第6章ではインド太平洋地域、とりわけ第二期トランプ政権のもとで米中「貿易戦争」が勃発する可能性などを取り上げたい。

第7章では同じインド太平洋でも、安全保障問題に焦点を当て、「次の戦争」の火種はどこかについて論じる。

最後に第8章では、「安倍元首相なき日本の『もしトラ』生存戦略」と題し、「もしトラ」の場合の日本の具体的対応と、仮にトランプ再選がなくても、米国の「トランプなきトランプ現象」にいかに対応すべきかについて論じたい。

いずれにせよ、本書の内容はあくまで筆者個人の仮説に基づくものであり、日本政府の政策や見解とは異なるものである。以上を前提に、本書では「もしトラ」「ほぼトラ」の本質について読者の皆さんと一緒に考えたい。言うまでもなく、本文中にあるすべての誤りは筆者の責任である。

第1章 来たる2024年米大統領選、まずはこれだけ押さえておこう

「今日（こんにち）私たちの社会にはじつに不釣り合いな失望感がある。これまで私たちが長く抱いていた歴史観、すなわち、この国は必ず民主主義に向かうという信頼そのものが失われたのだ。ロシアは将来への希望を失い、プーチンは過去を追い始めた。私たちもそれと同じ罠（わな）にはまる危険があるのだ」

（ドイツ外務省幹部の発言、『ニューヨーク・タイムズ』2024年5月5日）

四つの裁判を抱える大統領候補

2024年の米大統領選挙予備選で驚くのは、有力候補が参加する「大統領候補による討論会」が6月末まで開かれなかったことだ。民主党は現職のジョー・バイデン大統領が再出馬する予定だったので仕方がないが、前回敗北したものの、今回二期目を目指すドナルド・トランプ候補は共和党の討論会にまったく参加しなかった。これでは共和党の大統領候補が今後4年間にいかなる具体的な政策を考えているのか、一般有権者にはわかり難いだろう。

次に驚くのは、有力大統領候補の一人が複数回起訴され、有罪評決まで受けていることだ。トランプ候補はトランプ企業の資産価値水増し不正で多額の賠償金支払いを命じられただけでなく、ポルノ女優に対する不倫口止め料支払い関連で第一審有罪となった他、２０２０年大統領選ジョージア州集計への不正介入疑惑、同年大統領選結果への妨害疑惑、機密文書の不法所持疑惑の四つの裁判で、州法と連邦法の刑事被告人として法廷闘争を継続中である。

本来であれば、この種の候補は「泡沫(ほうまつ)候補」扱いされ、選挙戦の早い段階で淘汰(とうた)されるのが常だった。

ところが今回は、大統領選挙キャンペーン期間中に刑事裁判が四つも同時進行する。過去50年でこんな大統領選挙は見たことがない。日本の他の多くの米大統領選マニアも大いに困っているだろう。今回の選挙サイクルでは、前例のない事象が多すぎる。マニアたちが長年培(つちか)ってきた選挙予測のノウハウもほとんど機能しそうにない。

さらに今回最も悲劇的なことは、民主、共和両党とも、予備選挙が始まるはるか前から、最終的な指名候補がすでに事実上決まっていることだ。これでは、カネと時間をかけて全米で予備選挙を行ない、各候補者の政治家としての器を有権者が比較・吟味する意義は大きく失われる。そもそも予備選挙をやる意味はほとんどないではないか。心あるアメリカの有権者たちはこの悲劇の本質を本当に理解しているのだろうか。

●——米国内政の劣化

こんな選挙戦になれば、米国内政治の劣化は進むばかり。２０２４年は1月から予備選が始まり、2月24日のサウスカロライナ州での予備選勝利によりトランプ候補の優勢は確実となった。その時点で共和党内に唯一残っていた対立候補が、元サウスカロライナ州知事のニッキー・ヘイリー元米国連大使だ。そのヘイリー候補が自分自身の「地元」州ですら勝てなかったのだから、党大会でのトランプ候補の大統領候補指名獲得はほぼ確実だった。

問題はむしろ現在の共和党の体たらくだ。2月24日に勝利したトランプ候補の集会に参加した共和党系州知事・連邦議会議員の発言を聞いていて、虫唾が走った。あの自由主義、小さな政府、国際主義を信奉していたはずの共和党政治家が、トランプ候補のスローガンをオウム返しで絶叫している。彼らの知的レベルの低下は目を覆うばかり。それでも、トランプ支持を打ち出さないと当選できない連中のトランプ礼賛は、百歩譲って大目に見よう。

筆者が最も驚いたのは、リンゼイ・グラハム上院議員のような有力政治家ですら、公衆の面前でトランプを公然かつ熱烈に支持していたことだ。グラハム議員と言えば、一昔前なら米上院共和党良識派の重鎮の一人。当時は、亡くなった元共和党大統領候補のジョン・マケイン、無所属のジョー・リーバーマンとともにスリー・アミーゴス（三友人＝Three Amigos）と呼ばれ一世を風靡（ふうび）した政治家だったのに。かくも米国内政は劣化したのである。

◉──トランプ再選の可能性を探る──米大統領選挙の楽しみ方

筆者が米大統領選挙を初めて体験したのは１９７６年、ミネソタ州立大学留学中だった。当時はウォーターゲート事件というニクソン政権の大スキャンダルで米国内政が大揺れに揺れていた。74年にリチャード・ニクソン大統領が辞任に追い込まれ、当時副大統領だったジェラルド・フォードが大統領に就任、そのまま共和党大統領候補になった。

対する民主党は、全国的には無名のジョージア州知事でピーナッツ農場経営者だった元海軍士官ジミー・カーターを大統領候補に指名した。たまたま、カーター候補の相棒（ランニングメート、副大統領候補）がミネソタ州選出のウォルター・モンデール上院議員だったので、筆者は学生ながらも直接・間接に大統領選挙の模様を垣間見る機会を得たのだ。

当然、大学でも政治学、とくに米国内政の授業を多く聴講し、ミネソタ州選出の民主党下院議員選候補の選挙事務所では数カ月間ボランティアも経験した。宣伝カーが大音量で街を駆け巡る騒々しい日本の選挙とは異なり、米国の選挙は気が抜けるほど静かだった。こうした経験もあってか、以来約半世紀、筆者は米大統領選のオタクとなっていった。

ちなみに、当時の米国の選挙はじつに大らかなものだった。見も知らぬ日本人学生をボランティアとして快く受け入れ、最後は候補者へのインタビューまでアレンジしてくれた。ミネソタ州第一選挙区はセントポール市が地盤で、下院議員に当選した候補はイタリア系米国人だった。いまも外国人がかくも簡単に選挙ボランティアになれるかは不明である。

それはさておき、当時、米大統領選にはいくつか重要な経験則があった。政治家も、学者も、またメディア関係者も、候補者自身も、米大統領選挙独特のルールや経験則に従って、予測、分析、報道、企画立案していたのだ。まずは、当時からごく最近まで、筆者がこれは有効な「経験則」だと信じていた七つの基本的ルールを紹介する。

①全米には民主党と共和党が50＋1ずつ存在する

多くの非米国人は、米国は二大政党制の国で、大統領選とは夏に開かれる民主党と共和党の党大会で指名される正副大統領候補の間で争われるもの、と思っている。ところが、米国には各州に民主党と共和党が50ずつあり、これに加えて全国民主党と全国共和党が、それぞれ一つずつある。このことを筆者は１９７６年に初めて知った。

誤解を恐れずに言えば、大統領選挙に関する限り、米国の民主党と共和党は「４年に一度、全国の州レベルの50の民主党と50の共和党が『合体』する特別な組織」だ。逆に言えば、州レベルの各民主党・共和党はそれぞれが独立した政治組織であり、全国政党の執行部の意向に関係なく、自らの大統領候補を勝手に選ぶ権限を有している。

その典型例がミネソタ州の民主党だ。そもそも名前から他州の民主党とは違い、正式名称はMinnesota DFL（ミネソタ民主農民労働党）。ただし、州レベルの各政党は完全に平等ではない。党大会で投票できる代議員の数は基本的に各州の人口に応じて配分されるので、人口の大きい州が有利な点では、大統領本選挙と変わらない。

②分裂した政党が負ける

全国民主党と全国共和党は４年に一度合体する巨大ロボットだと思えばいい。「合体」が順調ならロボットは強力であり、逆に「合体」に失敗すればロボットはそもそも動かない。４年に一度の党大会で「合体」できず「分裂」した政党は、大統領本選挙で敗北する可能性が高いのだ。

典型例が1976年のカーター・フォード対決だ。当時、「ジミー、フー？（ジミーって誰？）」と揶揄されながらも、スキャンダルとは無縁のカーター候補は民主党ロボットを見事に「合体」させた。対する共和党では、フォード候補に元カリフォルニア州知事のロナルド・レーガン候補が肉薄した。共和党は事実上「合体」に失敗したのだ。

③「原理主義者」「泡沫候補」は勝てない

それでも、米国は民主主義だから、全国政党の主流派に反対する政治家・勢力は必ず存在する。彼らの主張は多くの場合、極端な「原理主義」であり、特定の少数勢力の利益を代表することも少なくない。彼らは有権者の最大多数である「中道左派」または「中道右派」の票を得られず、多くの場合「泡沫候補」となって消えていったものだ。

典型例は、筆者が在米国日本大使館在勤中の1992年大統領選挙に第三党から出馬したロス・ペロー候補だった。超保守的主張が売りの典型的「泡沫候補」だったが、その出馬により保守票が割れ、共和党は事実上分裂した。これが当時、勝算は薄いと思われたビル・クリントン候補が現職ジョージ・H・W・ブッシュ大統領を破った理由の一つである。

④チケット（正副大統領候補）のバランス

米大統領選挙は純粋な意味での直接選挙ではない。有権者は自分の住む各州で大統領候

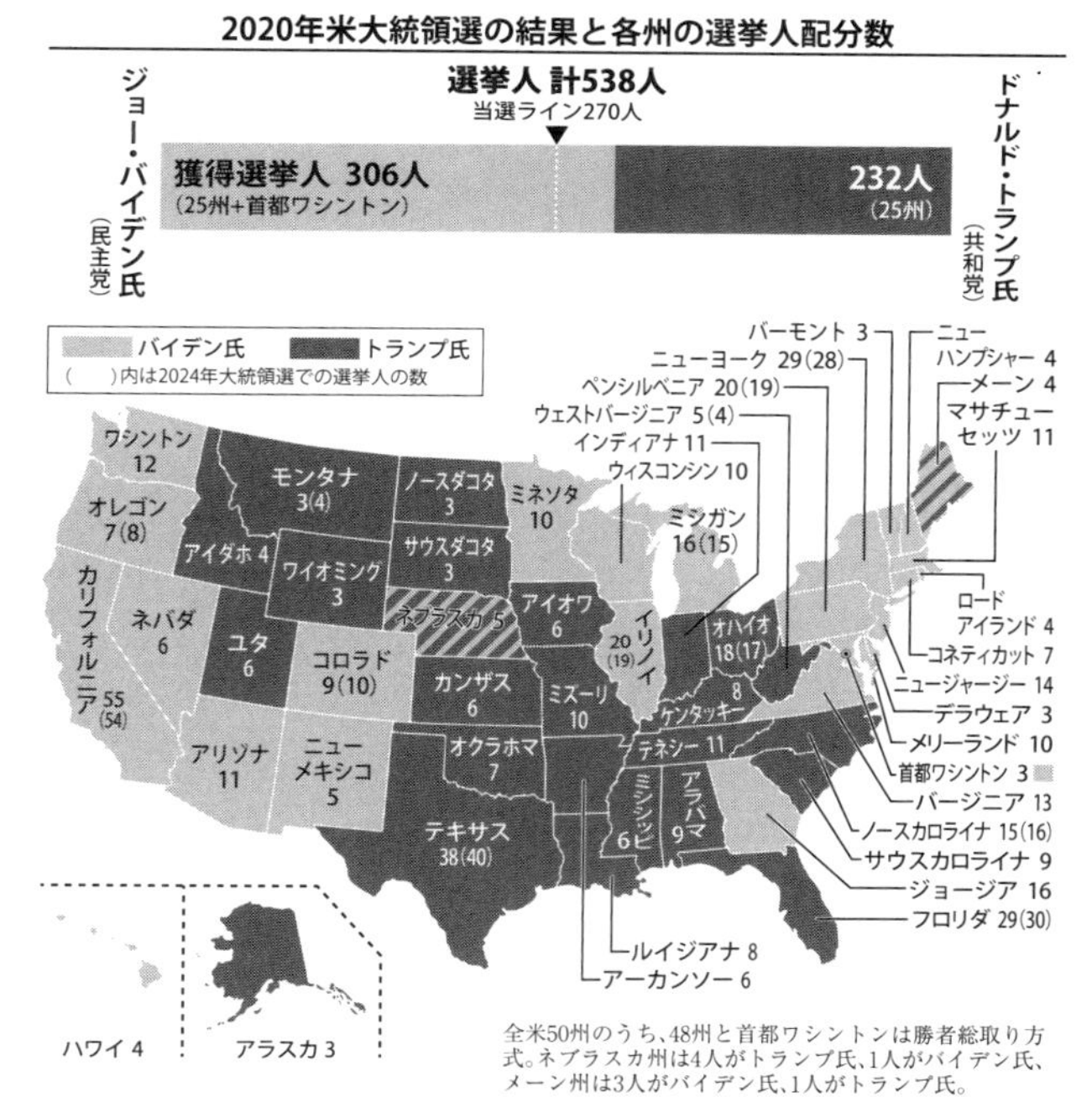

出所：『読売新聞』2024年1月15日「基礎からわかるアメリカ大統領選挙」をもとに作成

補・副大統領候補に投票し、基本的に得票が最も多かった候補がその州に割り当てられた「大統領選挙人」数を獲得する。しかも一部の州を除き、得票数に応じた比例配分ではなく、州に割り当てられた大統領選挙人のすべての数を獲得する。これを「勝者総取り＝winner-take-all」方式と呼ぶ。

米国は広く、全国東西南北に50の州が広がっている。有権者も極左、リベラル、中道から保守、極右まで多様だ。

となれば、大統領候補は可能な限り多くの有権者にアピールする必要がある。そのために重視されたのが「チケットのバランス」戦術、すなわち正副大統領候補が一体（チケット）となり、大票田である中道系票の獲得を狙う作戦である。

典型例としては、古くはケネディ（東部リベラル）・ジョンソン（南部保守）正副大統領候補、近年ではオバマ（中西部アフリカ系）・バイデン（東部白人）やバイデン（東部中道）・ハリス（西部リベラル少数派）の組み合わせがある。その意味では、1992年のクリントン・ゴア（二人とも南部中道白人）は例外だったのかもしれない。

⑤最後はアメリカ有権者の健全な平衡感覚

米国式民主主義には絶妙なバランス感覚がある。歴史的な転換期に、有権者は「失敗」した大統領の反対党の候補を選ぶ傾向があると思うからだ。古くは米国の内戦（南北戦争）時代にリンカーンが大統領に選ばれ「奴隷解放」を宣言した。1968年の選挙ではベトナム戦争の失敗でジョンソン大統領は出馬を断念、ニクソン候補が勝利した。

ところが、そのニクソンがウォーターゲート事件で失脚すると、1976年に有権者は再び「失敗した」政党と逆の政党のカーターを選び、そのカーターがイラン革命の対応に失敗すると、80年には、76年選挙で共和党大統領候補指名獲得に失敗したレーガンを選んでいる。これを絶妙なバランス感覚と言わずして何が絶妙だろうかと思う。

⑥無党派層の決定は9月第1週後

過去半世紀の個人的経験から言えるのは、大統領選挙の年の前半の世論調査などあまり「当てにならない」ということ。多くの米国人にとってレイバーデーの時期は実質的な「夏休みの終わり」を意味し、彼らが休暇モードから現実モードに戻るタイミングだ。

この時期から多くの米国有権者、とくに無党派層と言われる人びとは、２カ月後に迫った大統領選挙をようやく意識し始めるようだ。もちろん、彼らの最大関心事は、経済状態、家族の健康、自らの将来、地域の安全などで、外交問題が主要テーマとなる可能性は低い。古今東西、「すべての政治はローカル＝ All politics is local」なのである。

米大統領選は各州の大統領選挙人を最も多く獲得した候補者が勝利するが、後述するとおり、全米50州のうち40州以上の投票結果は２０１２年以降まったく変わっていない。今年の大統領選挙でも「激戦州」（スイング・ステート）と呼ばれる7州程度の結果が全体の結果を左右するだろうが、その「激戦州」が民主党・共和党のどちらに振れるかを決めるのがこの「無党派」票なのだ。

⑦世論調査会社の選挙予測はよく外れる

要するに、9月第1週以前の世論調査などは「人気投票」以上でも以下でもないということ。圧倒的な差でもあれば、予想が大きく覆ることはないだろうが、なかでも有権者の約10%を占める「気まぐれな無党派層」の動向を読むのは容易ではない。実際、世論調査の予測も当たったり外れたりで、予測をすべて的中させてきた会社など存在しない。

だからこそ筆者は過去半世紀、己の「直感」と「皮膚感覚」を重視してきた。たとえば、1976年のカーター・フォードでは「歴史学者ならカーター勝利と言うだろう」、92年のクリントン・ブッシュでは「共和党は割れておりクリントンが勝利」と予測できた。米国有権者の「バランス感覚」を皮膚感覚で感じることが重要なのである。

◉――経験則をことごとく破壊したトランプ候補

これらの経験則は従来、かなり有効だった。1976年以来、大接戦でフロリダ州の「得票数の数え直し」までもつれ込んだ2000年のゴア・ブッシュの場合を除けば、幸いなことに筆者の「皮膚感覚」「直感」は外れなかった。ところが、2016年のトランプ・クリントンの大統領選でこれら「経験則」の多くが変質し始めた。たとえばこんな具合である。

①全米には民主党と共和党が50＋1ずつ存在する？

いまや米国社会の分断は一定の限度を超えてしまったのではないか。民主党もかつて主流だった中道系のリーダーはバイデン氏ぐらいとなり、党内では極端な左派・リベラル系の若手政治家が台頭した。共和党はさらに深刻で、同党は事実上「トランプ主義者」と「現実的保守主義者」に割れ始めた。民主・共和両党はもはや１０１ずつ存在すると言うべきかもしれない。

②分裂した政党が負ける？

２０１６年の選挙で民主・共和両党とも分裂はしなかったが、共和党は「トランプ党」に変質し、民主党は初の女性大統領候補の限界が露呈した。今年の大統領選挙でも状況は大きく変わらないだろう。今回は「トランプ党」対「伝統的中道左派」民主党の戦いとなる。されば、従来の「党内分裂」に着目した選挙分析は以前ほど有効ではなくなっているようだ。

③「原理主義者」「泡沫候補」は勝てない？

従来の経験則に照らせば、トランプ氏ほど「原理主義」的な「泡沫候補」は他にいないはずだ。ところが、そのトランプ氏がなんと大統領本選で勝利してしまった。最大の理由はトランプ氏が従来の一匹狼的な「原理主義者」「泡沫候補」ではなく、１９９０年代以降の米国社会の構造的変化の受け皿だったからである。この点についてはのちほど詳しく説明しよう。

④チケット（正副大統領候補）のバランス？

この点も昔ほど重要ではなくなったかに見える。２０２０年のバイデン・ハリスのバランスについてはすでに述べたが、２０１６年にトランプ氏が選んだ相棒は共和党の伝統的保守派であるマイク・ペンス元インディアナ州知事だった。トランプ氏からすれば、ペンス氏を選んだことで、それなりのバランス感覚を示したかったのかもしれない。

⑤最後はアメリカ有権者の健全な平衡感覚？

こうした楽観論も、２０１６年のトランプ氏勝利で吹っ飛んでしまった。オバマ政権やヒラリー・クリントン氏への不満は理解できるが、だからといって米国有権者がトランプ氏を選ぶとまでは確信をもって予測できなかった。いまや我々は、米国内に「これまで会ったこともない」ような米国人が驚くほど多数いることを思い知らされたのだ。

このように、２０１６年のトランプ氏勝利は大統領選に関する従来の常識をひっくり返したと言えるだろう。しかし、この勝利はトランプ氏の功績というより、近年の米国社会の変化を反映した結果かもしれない。ちなみに、日本にもトランプ勝利を予測した識者はいたが、振り返ってみれば、それは詳細な「分析」の結果というより、「逆張り」に近かったと思う。

では、これまでの筆者の経験則はすべて無用となるのかと言えば、それも違うだろう。

⑥無党派層の決定は９月第１週後

⑦世論調査会社の選挙予測はよく外れる

これら二つは現在も有効だ。以上を前提に、２０２４年の大統領選挙で注目すべきポイントを解説しておく。予測が外れるとすれば、それはすべて筆者の不徳の致すところである。ご容赦願いたい。

●――注目すべき激戦州は一桁しかない

米大統領選が「勝者総取り」方式で各州の大統領選挙人合計の過半数を争うものであれば、それは最悪の場合、各州で投票総数の最大49％の「死票」が出ることを意味する。しかも先述のとおり、過去12年間の選挙結果を見れば、全米50州のうち40以上の州の投票結果は、驚くべきことに毎回同じなのだ。

つまり、ニューヨーク州の共和党員がいかに頑張っても、同州の29人の大統領選挙人は毎回民主党候補に投票し、テキサス州ではよほどのことでも起きない限り、38人の大統領選挙人はつねに共和党候補に投票してきた。筆者もおかしいとは思うが、これが連邦結成時からのアメリカ合衆国の「お約束」なのである。

過去12年間で民主党、共和党が勝ったり負けたりした州は七つ程度しかない。具体的には、北から時計回りで、ウィスコンシン、ミシガン、ペンシルベニア、ノースカロライナ、ジョージア、アリゾナ、ネバダの各州だ。投票日が近づけば、大手メディアは連日、これら7州を中心に「どっちがリードしている」などと一喜一憂（いっきいちゆう）することになる。

それでは、なぜこれらの州で民主・共和両党が勝ったり負けたりするのか。細かい事情は各州で異なるだろうが、一般には、米国内の人口分布と増減、人種分布と移民の流出入、産業分布、各州間の所得格差、各人種グループ間の所得格差などの変化が大きな要因だと言われる。なかでも筆者が注目するのは製造業の衰退と非白人層の所得増大である。

1990年代からの米製造業の倒産件数を見ると、ラストベルト（さびついた工業地帯）

と呼ばれる五大湖周辺から中西部にかけての旧工業地帯や南部でとくに増えている。また、白人系の米国総人口に占める割合が２０４５年頃に50％を割ると予想される一方、人種別平均所得ではアジア系が白人系より多く、ヒスパニック系が白人系に迫っているのが最近の傾向である。

これらを総合すれば、現在米国社会では、従来豊かな生活を享受してきた多数派の白人層が、コンピューター革命に伴う製造業の衰退を受け、その一部が徐々に少数派の経済弱者になりつつあること、さらにそうした白人層の一部に、自分自身の社会的地位の低下に不満を持つ声が高まりつつある、という仮説が成り立つかもしれない。

こうした米国社会の構造的変化は各有権者層の投票行動にも影響を及ぼす可能性が高い。されば、11月の大統領選挙開票の際は、七つ（もしくは、これより増えるかもしれない）の激戦州内の人口・人種・所得分布やその変化の長期的趨勢を頭に入れておくと、興奮度が一層高まるだろうと思う（若干、マニアックではあるかもしれないが……）。

以上が、筆者の考える米大統領選挙の楽しみ方の一例である。読者の皆さんも、以上を参考に、11月５日まで、あれこれ楽しんでいただきたい。

●——なぜトランプは圧倒的な支持を得るのか？

最近の米国内政の混乱は目を覆うばかりだが、なかでも際立つのが「トランプ現象」だ。では、なぜ「トランプ現象」はかくも長続きするのか。昔は、ＫＫＫ（クー・クラックス・クラン）など白人至上主義者のせいだ、などとする説明で済んでいたが、それだけでは現在の「トランプ現象」の本質は到底わからないだろう。

筆者も最近までは「米国の白人・男性・低学歴・ブルーカラー労働者・農民を中心とする現状への不満が原因だ」などとお茶を濁（にご）していた。でも、振り返ってみれば、こうした説明すら必ずしも的を射ていなかったと反省している。「トランプ現象」の弊害に関する分析は多々あれど、この現象が「いかなる原因で起き持続しているか」の説明は意外に難しい。

現在の筆者の仮説は、すでに述べたとおり、「トランプ現象」とは米国内政の「内向き志向」が原因というより、１９９０年代以降の米国社会の構造的変化がもたらした「結果」、ということ。興味深いことに、この点をグローバルに理解するうえで最善の解説は、本章冒頭にも引用した最近の欧州極右勢力の台頭に関する『ニューヨーク・タイムズ』紙の分析記事だった。

ここに同記事の重要部分を引用しよう。書いたのは欧州専門のロジャー・コーエン記者である。

- 第二次世界大戦後に優勢だった仏独の中道左派と中道右派の支持基盤は徐々に風化し始めた。
- この傾向は冷戦後のグローバリゼーションや携帯電話の普及により加速され、より不平等で、分極化した、気難しい社会をつくり出した。
- その結果、共通の政治空間は縮小し、真理の定義は動揺し始め、政治の重心がソーシャルメディアに移るにつれ、議会や政党がより軽んじられるようになった。
- 経済と政府の関係に関するイデオロギー的論争が解決したため、多くの人びとにとって穏健左派も穏健右派も区別がつかなくなってしまった。
- 穏健勢力には移民大量流入問題の解決策がないため、労働者階級の多くは、拡大する不平等と収入停滞に関する不満を表明すべく、反移民を唱える右派勢力に流れていった。
- 西側社会の対立の核心は国内問題ではもはやなく、国際主義と民族主義の対立である。

- それは、知識経済の「ネットワーク内に住む」人びとと、荒れ果てた工業地帯や田舎に住む「忘れ去られた」人びととの間の対立でもある。
- そこにある「忘れ去られた」人びとの不満や怒りがトランプ、イタリアのジョルジャ・メローニ、オランダのヘルト・ウィルダース、フランスのマリーヌ・ルペンといった政治家たちの活動の土台となっている。
- 社会的伝統習慣を進歩的な方向に変えることは、(保守) 政治家に新たな武器を与える。
- たとえば、プーチンは「西側のリベラルな都市エリート」が「家族、教会、国家、伝統的結婚・性別」を破壊する「退廃的文化自殺」を犯している、といった批判を繰り返している。

◉――「トランプ現象」は欧米社会共通の問題

上記分析記事中の、穏健左派・中道左派を民主党、穏健右派・中道右派を共和党とそれぞれ読み替えれば、これはそのまま現在の米国社会にも見事に当てはまる分析ではないか。そうだとすれば、「トランプ現象」も近年欧州各国で台頭しつつある極右勢力と基本的に同根であることがわかる。続いてはコーエン氏の記事に倣(なら)って、最近の米国社会の構造的変化を分析してみよう。

- 第二次世界大戦後に優勢だった米国の民主党と共和党の支持基盤は徐々に風化し始めた。
- この傾向は冷戦後のグローバリゼーションや携帯電話の普及により加速され、より不平等で、分極化した、気難しい社会をつくり出した。
- 米国内でも真理の定義は動揺し始め、議会や政党がより軽んじられるようになった。
- 米国人にとって民主党中道系と共和党中道系の区別がつかなくなった。
- 中道系は移民問題に対処できず、労働者階級の多くは反移民右派勢力に流れていった。
- 問題の核心は、知識経済の住人と工業地帯や田舎に住む「忘れ去られた」人びととの対立だ。
- 「トランプ現象」は、リベラルによる伝統的価値の破壊という保守からの批判が有効な限り続く。

ということだ。これをさらに筆者の個人的経験に基づいて分析すると次のようになる。

●──「IT革命」敗者の怒り

筆者が初めてパソコンを使ったのは1980年代末、当時は高価な機材ながら、シングルタスクしかできないOS（MS-DOS）を使っていた。その後、パソコン向け32 bit CPUの普及、動作周波数の向上、メインメモリの容量増加とパソコンの低価格化が進むなかで1995年にWindows 95が発売され、時代は一変した。その衝撃はいまでも忘れられない。

しかし、その後の一連のIT技術革命は米国社会を不可逆的に変えてしまった。それまでは、衰えたとはいえ、一定の競争力を保っていた米国の労働集約的製造業は大きな影響を受け、さらに衰退していった。こうした90年代以降のハイテク情報通信革命の直撃を受けたのは、田舎や非都市圏に住む白人・男性・低学歴・ブルーカラー労働者・農民だった。

彼らは先端技術革命のスピードに追いついていけない。半導体の演算処理速度が等比級数的に向上するなか、彼らの生産性は等差級数的にしか増えないからだ。しかも、こうした技術革命を支え驚くほどの高給を取る若者の多くは、新参移民の1世、2世たちを中心とする非白人系プログラマーやエンジニアたちだから、彼我の経済格差は広がるばかりだ。

以上の分析が正しいとすれば、「トランプ現象」とは「90年代以降の技術革新に乗り遅れた、白人・男性・低学歴・ブルーカラー労働者・農民のエスタブリッシュメントに対する逆襲」とも定義できる。彼らの怒りはワシントンに象徴される既得権層や非白人社会に向かうので、仮にトランプ氏が失脚しても、「トランプ現象」は続くと見るべきである。

●――ダークサイド化する世界

筆者は以前から、不健全な自国民至上主義、排外主義、大衆迎合的民族主義、人種差別、性差別を声高（こわだか）に唱える集団や政治勢力のことを「ダークサイド」と呼んできた。「ダークサイド」そのものは世界中どの人間社会にも必ず存在するし、これを完全に抑えることは不可能だろう。

問題は「ダークサイド」の存在ではなく、いかに「ダークサイド」を封じ込めることができるか、である。先ほど欧州の極右勢力の台頭に関する分析を紹介したが、その欧州ですら、国によって多少の違いがあるものの、いわゆる極右勢力の得票率は必ずしも高くない。

彼らに投票するのは最大でも全有権者の2～3割程度、決して多数派ではないのだ。

ではなぜ「トランプ現象」をとくに注視すべきなのか。それは世界の大国のなかで、自由、民主、法の支配、人権、人道といった普遍的価値を曲がりなりにも実践すると同時に、そうした世界観に基づき1945年以降つくられ維持されてきた自由で開かれた国際秩序を守る意思と能力を持ち合わせた国家は、残念ながら米国以外に見当たらないからである。

天然資源に乏しく、貴重な人的資源が減少しつつある民主主義国家が、国防支出を増やせないなかで、従来の生活水準、社会保障制度、国際的存在感を単独で維持していくことは難しい。その典型例である日本、韓国や西欧諸国にとって、米国が引き続き現在の国際秩序を守る役割を果たしていくことは必要不可欠なのである。

ところが、トランプ政権はこうした国々の前提を根底から覆す可能性を秘めた危険な「アメリカ第一主義」を実践する恐れがあった。だからこそ、欧州NATO諸国の多くはトランプ政権に疑念を抱きつつも、同政権との共存を必死で模索した。結果的には、日本の安倍晋三政権ほど対トランプ外交に成功した例はなかったが……。

「トランプ現象」により日本や西欧諸国が最も懸念したのは、国際的関与を深めることで米国の指導力・影響力の維持・拡大を目指す外交を推進してきた共和党が変質し始めることだ。米国との同盟関係が続くことを前提に自国の安全保障政策を積み上げてきた国々にとって、トランプ政権の登場は潜在的脅威ですらあったのだ。

２０１６年にトランプ候補が共和党大統領候補指名を目指していた頃、共和党内では連邦議会議員、議会スタッフ、学者、有識者など多くの人びとがトランプ氏に反対する声明や書簡を発表し始めた。極めつきは、大統領選投票日の１カ月前の10月６日に30人もの元共和党連邦議会議員が連名で「トランプ氏には投票しない」とする書簡を発出したことだ。彼らは「トランプ氏は共和党の諸原則を馬鹿にするものであり、11月の大統領選挙ではトランプ氏に投票しない」（ＣＮＮ、２０１６年10月６日）と書いたのだから恐れ入る。

当時、共和党議員の一部はまだトランプ氏に挑戦する政治的気概を持っていたが、そのときすでに多くの共和党立候補者はトランプ陣営の軍門に下っていた。伝統ある共和党はトランプ氏に事実上乗っ取られてしまったのだ。

◉――アメリカに復元力はあるか？

最後にこの質問に答えよう。すでに述べたとおり、「トランプ現象」は「90年代以降の技術革新に乗り遅れた、白人・男性・低学歴・ブルーカラー労働者・農民のエスタブリッシュメントに対する逆襲」だから、トランプ氏が失脚しても「トランプ現象」は続く。逆に言えば、「トランプ現象」を終わらせるには、かかる政治状況自体の変化が必要なのだ。

しかし、全米人口に占める白人人口の「少数派」化はおそらく不可避であり、近い将来、白人層の生活水準が大幅に改善する見込みもない。要するに、米国社会が今後、公民権運動が始まる前の1950年代に戻ること、米国社会が昔のような「古き良きアメリカ」「国際社会をリードする民主主義」に復帰することは、まずないのである。

他方、それで「アメリカ」という歴史的実験が終わるとは思えない。仮に非白人層が多数派となっても、「自由」「平等」「正義」「人間性」というアメリカ人のアイデンティティ（American Creed）は変わらないと思うからだ。「トランプ現象」にも必ず終わりはくる。非白人が主流となる新世代の米国人が新たな「アメリカ」を創造する可能性は十分あるだろう。

第2章　第一期トランプ政権を振り返る

「彼は明らかにバカだ。彼は役立たずで、犬で、豚で、詐欺師で、嘘がうまくて、自分が何を発言しているかもわからない間抜けで、なんの準備もできない、配慮のない人間だ。彼は税金も支払わずに、社会をずる賢く操作していると思う。彼はバカだ。コリン・パウエルはこう言った。『トランプは国家への災害だ』と。彼はアメリカの恥だ。私は、このバカで愚かなトランプをここまで引き上げてしまったこの国に、強い怒りを感じている」

（ロバート・デニーロ、2016年10月）

●バノン（対外強硬派）とジャヴァンカ夫妻（穏健現実派）の対立

トランプ氏が再選に挑んだ2020年大統領選挙の際、筆者はトランプ政権について「大統領は空洞だ」と書いた。2017年1月20日の就任以来、トランプ氏は米国大統領として、統治の実務にあまり関心を持たず、行政文書をしっかり読まず、他人の話を聞かないまま、司法府、連邦議会、リベラルメディアとの対立を煽り続けたからだ。

大統領本人以外にも問題は山積みだ。トランプ政権内では当初から四つのグループの間で主導権争いが絶えなかった。具体的には、発足当初にホワイトハウス首席戦略官に就任した

ジャレッド・クシュナー氏（中央）とスティーブ・バノン氏（左）
（2017年１月22日、ホワイトハウス）

スティーブ・バノン氏率いる対外強硬派、大統領の愛娘イヴァンカとその夫のジャレッド・クシュナー夫妻という穏健現実派、マイク・ペンス副大統領など共和党伝統保守派、軍事・金融・経済などの実務専門家グループの四つだ。

①バノン主義者（対外強硬派）

バノン氏は２０１６年大統領選挙の終盤でトランプ陣営に参加し、トランプ候補を勝利に導いた伝説の男。政権発足直後ホワイトハウスの首席戦略官に任命されたが、その強引な手法が災いしてか、半年後には首席戦略官を解任されてしまう。その後、一時は激しいトランプ批判を展開したが、彼の信条はトランプ氏と基本的に同一との指摘もある。

バノン戦略が理想とする外交は「アメリカ第一主義」に基づく対外強硬政策で、これによりトランプ陣営は白人労働者票の取り込みに成功したと言われる。政権発足後は最側近の一人として大統領執務室に自由に出入りし、国家安全保障会議（ＮＳＣ）のメンバーにもなるなど、外交安全保障の分野でも強い影響力を発揮していた。

②ジャヴァンカ夫妻（穏健現実派）

「ジャヴァンカ」と聞いてピンとくる人は相当の米国通だ。これはジャレッドとイヴァンカ・クシュナー夫妻の渾名（あだな）で、バノン氏にとって同夫妻はトランプ政権内の宿敵だった。バノン氏の同夫妻批判は強烈で、たとえば「すべての誤った判断の起点はジャヴァンカ」「イヴァンカは情報漏洩（ろうえい）の女王」「選挙中イヴァンカは誤ったアドバイスの泉」などと手厳しい。

バージニア州のアイルランド系カトリック労働者家庭に生まれたバノン氏は当時64歳。一方、ジャヴァンカはいずれも当時36歳でユダヤ教徒、しかも二人ともニューヨークの不動産王の子弟だ。生い立ちの違いすぎるジャヴァンカとバノン氏ではあるが、この対立を「ユダヤ系」対「非ユダヤ系」などと単純化して論ずるべきではない。

大統領選キャンペーンを仕切ることと、ホワイトハウスで政策実務を担うことは相互に次元の異なる政治活動だ。しかし、トランプ政権ではこうした役割分担や新陳代謝が機能せ

第一期トランプ政権の4つのグループ

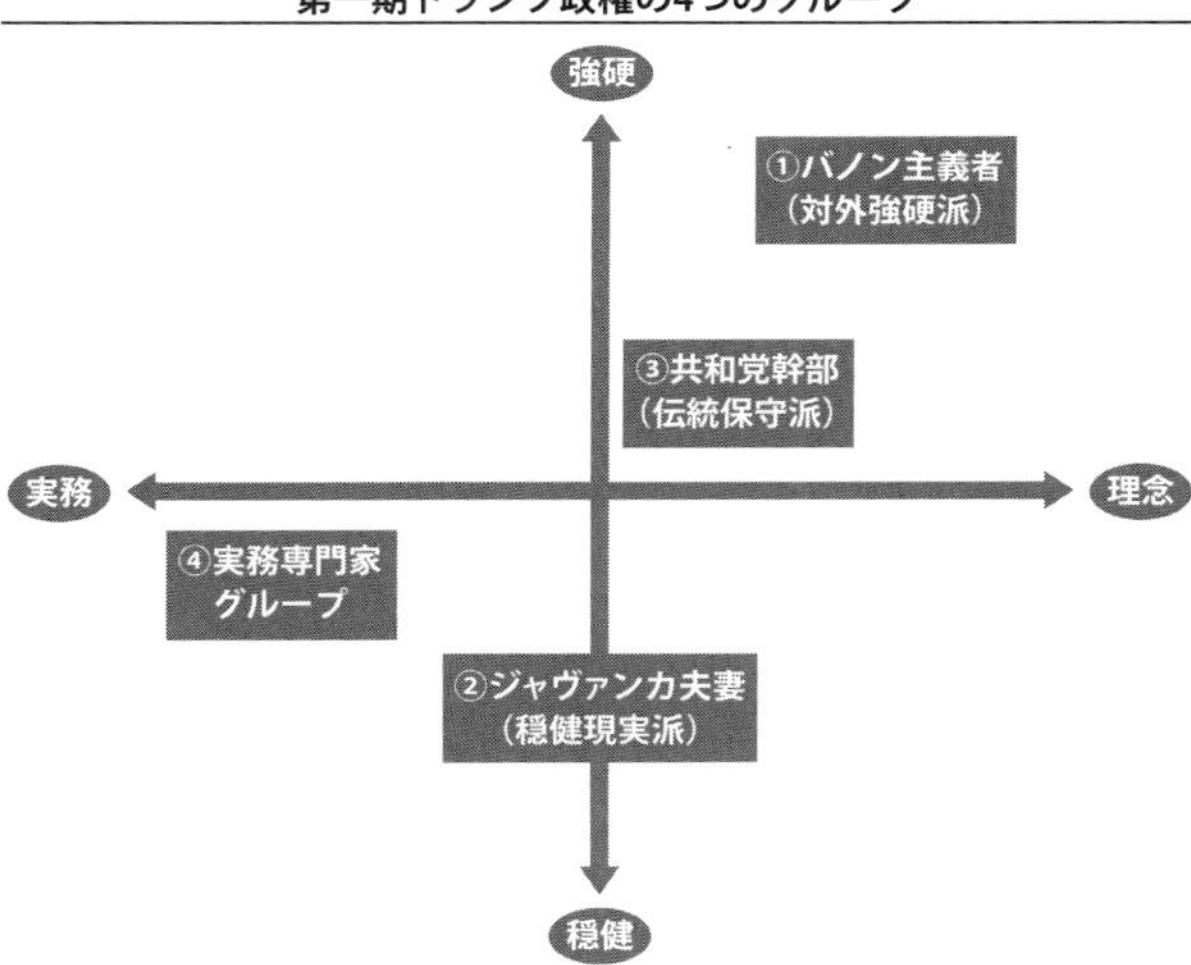

ず、バノン氏は特定のイデオロギーに基づいて政策実務を仕切ろうとした。そもそも革命家のバノン氏は行政実務の詳細に関心がないのである。

バノン氏にとってトランプ政権はあくまで寄生先にすぎない。革命的理想実現のためならトランプ氏だろうが、ジャヴァンカだろうが、断固戦うのだ。一方、ジャヴァンカはトランプ家の数少ない現実派であり、当然バノン氏とは敵対せざるをえない。両者の対立がトランプ政権発足当初の混乱を一層増長したことだけは間違いなかろう。

③共和党幹部（伝統保守派）

すでに述べたとおり、２０１６年以降、トランプ勢力による米共和党の「乗っ取り」はほぼ完成しつつあるようだが、2017年当時は、まだトランプ氏に批判的な伝統保守勢力がかなり健在だった。その筆頭はペンス副大統領だったが、彼以外にも多くの非トランプ系人材が、トランプ政権を支えていたというのが筆者の率直な印象である。

④実務専門家グループ

2017年のトランプ政権人事については、「保守派のドリームチーム」「最も保守的な内閣」といった批判も当初は聞かれた。だが、実際には超保守派や「アメリカ第一」主義者がポストを独占したわけではなく、むしろ人材不足からか、軍関係や金融界を中心に、イデオロギー色の薄い実務経験豊富な専門家が多く登用されたようだ。

典型例は、ゴールドマンサックス出身のスティーブン・ムニューシン財務長官やゲーリー・コーン国家経済会議（NEC）委員長であり、元職業軍人のマイケル・フリン氏、ハーバート・マクマスター国家安全保障担当大統領補佐官、ジェームズ・マティス国防長官、のちに大統領首席補佐官に転じたジョン・ケリー国土安全保障長官もそれぞれ登用された。こうした元軍人の高官人事は「文民統制を犯す」との批判もあったようだ。

●――そして誰もいなくなったホワイトハウス

2017年1月20日に発足したトランプ政権には三つの特異な特徴がある。第一は、過去に例がないほど大量かつ頻繁だった政府高官・職員の解任・交代だ。18年初めまでの約1年間でホワイトハウス高官の43％が入れ替わり、政権発足からの2年半の離職率は過去5人の大統領の任期全体の離職率よりも高かった、などと報じられた。

第二の特徴は、トランプ氏の指導・統治スタイルの異常さだ。側近ですらトランプ氏の言動や振る舞いを「幼稚」「愚鈍」と評した。詳細な行政文書は読まず、口頭での説明を好んだ。1日に8時間も保守系のFOXニュースなどを視聴して情報を収集し、番組の主張を早朝SNSなどに公式声明として発信した……。その種の逸話は枚挙に暇がない。

こうした手法は、スタッフの士気低下や政策決定の遅れなどを引き起こし、結果的に、政権内の混乱を招いた。さらに、すでに述べた政権内の主導権争いが激化したため、敵対勢力を貶めるための機微情報の漏洩が頻繁に起こるようになった。逆説的ながら、トランプ政権はおそらく歴代大統領府のなかで最も「透明性」の高い政権だったと筆者は考えている。

第三に、そして最悪なことに、トランプ政権のもとで、米国が「超大国」から普通の「主権国家」に成り下がり、「グローバル・リーダーシップ」の重要さを軽んじ始めたことだ。これら三つの特徴を見事に象徴したのがトランプ政権外交安全保障チームの迷走だ。大きな流れを時系列で振り返ってみよう。

①フリン国家安全保障（NSC）担当大統領補佐官の辞任とマクマスター補佐官の就任

もともとフリン補佐官の事務処理能力を疑問視する向きは少なくなかったが、案の定、同補佐官は就任前にロシア駐米大使とロシア制裁問題を話し合った疑惑が浮上し、一カ月もたず2017年2月13日に辞任に追い込まれた。後任には現役軍人のマクマスター陸軍中将が任命された。

②ケリー大統領首席補佐官の就任とバノン首席戦略官の辞任

同年7月末、伝統的保守派で元共和党全国委員長だったラインス・プリーバス首席補佐官が辞任に追い込まれた。後任にはケリー元海兵隊大将が国土安全保障長官から首席補佐官に横滑りした。さらに8月18日、「アメリカ第一主義」を唱え海外の諸問題への介入を否定するなどトランプ政権の外交安保政策の混乱を招いたバノン首席戦略官が辞任を発表した。

この時点で特記すべきはNSC担当補佐官、首席補佐官、国防長官がすべて現役または元軍人となったこと。それまでトランプ政権の外交・安全保障政策に振り回されていた同盟国関係者から安堵の声すら聞かれるようになった。ところが、そうは問屋が卸さないのがトランプ政権だ。

ちなみに、筆者はこのバノン元首席戦略官に一度だけ日本で会って話したことがある。大人数の食事会なのでじっくり差しでは話せなかったが、とにかく頭の良い思想家・革命家だなと思った。同時に、当時日本の一部に、彼の「反中国」「経済ナショナリスト」「ポピュリスト」的姿勢を持て囃（はや）す向きが結構いたことを知り、少なからず驚いた覚えがある。

③コーンNEC委員長の辞任とナバロの台頭

2018年4月2日、穏健保守派のコーンNEC委員長が鉄鋼・アルミニウムに対する追加関税措置に反対し辞任した。これにより、対中貿易問題の強硬派であるピーター・ナバロ通商製造業政策局長の発言力が拡大した。その後、トランプ政権の対中政策は変化し、本格的な対中経済強硬措置が導入されるようになったと言われる。この人事は、トランプ政権の対中政策を見るうえで重要なので、第6章で再び触れる。

④ティラソン国務長官の辞任とポンペイオ長官の就任

２０１８年３月13日、トランプ氏を「馬鹿者」と呼んだと報じられるなど大統領と折り合いが悪かったレックス・ティラソン国務長官が解任され、４月26日には保守派元下院議員のマイク・ポンペイオＣＩＡ（中央情報局）長官が国務長官に横滑りした。新長官は自ら平壌を訪問するなど当時の対北朝鮮外交を取り仕切ったと言われる。

⑤マクマスター国家安全保障担当補佐官の辞任とボルトン補佐官の就任

また、２０１８年３月22日、トランプ氏はマクマスター補佐官が辞任に同意した旨ツイートし、４月９日には共和党保守強硬派のジョン・ボルトン元国連大使を後任に任命した。これにより、トランプ政権の外交安全保障チームは発足当初から様変わりし、トランプ氏好みのボルトン氏、ポンペイオ氏など保守強硬派が主導権を握るようになった。

以上のとおり、トランプ政権の外交安全保障政策チームは、陣容的にも、政策的にも、決して一枚岩ではなかった。当初任命された実務家中心の国務長官、ＮＳＣ担当補佐官、国防長官らはトランプ氏の驚くべき衝動的判断に振り回され、次第にトランプ氏との距離が広がり、最終的には失脚して、保守強硬派に取って代わられた。

トランプ氏の戦略を欠いた外交の多くは、同盟国を懸念させる一方、中露を高笑いさせた。トランプ政権末期に残った外交安全保障チームがすべてトランプ氏の外交的判断を受け入れていたとは思えないが、解任を恐れてか、大統領に意見する矜持（きょうじ）は誰にもなかった。トランプ再選となれば、外交的混乱が再発する可能性を覚悟したほうが良さそうだ。

◉──トランプは下品な「一発屋興行師」か？

トランプ氏の外交スタイルは、一言で言えば、「隠れた劣等感の裏返し」外交だ。長年トランプ氏は、民主党政権だけでなく、ワシントンにいる伝統的な外交安全保障の専門家や官僚を、「闇の政府（ディープ・ステート）」の一員として厳しく批判し続けた。彼らによって「アメリカ第一」の外交政策が捻（ね）じ曲げられてきた、ということなのだろう。

しかも、そうした「闇の政府」の陰謀論を米国内に拡散したのはなんと米国の保守系マスコミだった。筆者が２０１８年にワシントンを訪れた際、少なからず驚いたのは、保守系テレビ局のＦＯＸニュースが「ディープ・ステートの報復、トランプ政権崩壊を望む」といった煽情的な報道を終日繰り返し流していたことだ。

ＦＯＸによれば、「トランプ大統領に解任された元ＦＢＩ長官も、司法省の副長官や特別検察官も、すべては闇の政府『ディープ・ステート』の一員であり、選挙で選ばれたトランプ氏に対するクーデターを企んでいる」のだという。面白くはあるが所詮は信じ難い「陰謀論」にすぎないのだが、ＦＯＸの如き大手メディアがこんな言説を終日繰り返し流すのは異常でしかない。

この種の陰謀論は、経済、しかも不動産業を中心とした取引や交渉しか知らないトランプ氏の致命的欠陥であり、ワシントンにいる外交専門家に対する強烈な「劣等意識」の裏返しでもある。自尊心が強く、自らに対する批判に異常なほど敏感で、つねに「前例にないこと」をやりたがるトランプ氏は、米国政治史上最大の「一発屋興行師」である。

典型例が北朝鮮の金正恩氏との直接交渉や、ＴＰＰ合意やイラン核合意からの離脱だ。これらは第3章以下でも触れるが、ここでは一例として、イランへの対応を取り上げよう。

トランプ氏は2018年7月、お得意のツイッター（当時）でイランのハサン・ロウハニ大統領に対し、およそ外交的とは思えない表現で警告している。

トランプ氏はこう言った。「間違っても二度と米国を脅迫するな。さもないと、人類史上ほとんど受けたことのない種類の結果（報い）を受けることになる！」。このとき、米大統領が使った表現は「You will suffer consequences」、しかもすべて大文字だった。しかし、この結果・報いを意味する「コンセクゥェンス」なる言葉の使い方は、日本人には結構難しい。

たとえば「You will face consequences!」と言えば、それはたんに「結果が出ますよ」ではなく、「(それをやれば) 必ず報いがあるぞ、思い知らせてやるぞ！」といった含意のある脅し文句にもなりかねない。筆者は外務省に合計27年在職したが、こんな下品な表現は、外交交渉の場ではもちろんのこと、プライベートな会話でもほとんど使った覚えはない。

それだけではない。トランプ氏はこの種の「口撃」の常習犯であり、大統領選挙出馬前の２０１４年にも、「米国はエボラ出血熱に罹患（りかん）した米国人の再入国を認めるべきではない。支援のため遠い外国に行ったのは偉大だが、その結果は甘受すべきである」とツイートしていた。トランプ氏は大統領になるはるか昔からこうやってビジネスで成功してきたのかもしれない。だが、こうした手法が上質な外交手段でないことだけは間違いなかろう。

◉──現状維持勢力vs現状変更勢力

問題の本質はトランプ氏個人の問題ではなく、米国だけの問題でもない。「トランプ現象」は混乱の「原因」ではなく、たんなる「症状」にすぎないからだ。いま世界は1945年以来の「国際主義」的国際秩序に代わって、個々の「主権国家」がグローバル化の弊害から国民を守るべく復権を果たしつつある時代のように思える。筆者の詳しい見立ては次のとおりだ。

21世紀に入り国際社会は、1945年の普遍主義・国際主義という「均衡点」から、次の「均衡点」に向けて徐々に動き始めた。次の「均衡点」は、はたして「民族主義・反国際主義」なのか？　それとも歴史は再び「普遍主義・国際主義」に回帰していくのだろうか？　そして、こうした流れのなかで「トランプ現象」はいかなる意味を持つのだろうか？

現在と未来を語るため、まずは過去から始めよう。1990年前後に東西冷戦が終息した後、いったい何が起きたのか。ソ連崩壊後の10年間は米国一極支配の時代だった。当時は人類の進歩と民主主義の勝利が喧伝（けんでん）され、フランシス・フクヤマは「歴史の終わり」を説き、トーマス・フリードマンは「世界は平ら（フラット）だ」と書いた。残念ながら、彼らはいずれも誤っていた。

米国は2001年9月の同時多発テロ事件発生から「テロとの戦い」に没頭し始め、伝統的大国間競争への投資を縮小し始めた。しかし、「歴史の終わり」はついに訪れなかった。地球は「平ら」ではなく、引き続き「丸」かったのだ。それだけではない、米国以外の他の大国である中露、とくに中国が政治、経済、軍事の各分野で米国に追いつき始めた。

こうした状況を米国が最初に公式に認めたのは、皮肉なことに、トランプ政権が2017年12月に発表した「国家安全保障戦略」である。同新戦略は中国とロシアを米国に対する「戦略的競争者」と位置づけた。この文書は、混乱したトランプ政権下でも、優秀な外交安保の実務家がしっかり仕事をしていたことを示す数少ない証拠の一つである。

それはともかく、筆者が考える世界の現状は次の三点に集約される。

第一は国内面、筆者が「ダークサイド」と呼ぶ、不健全で差別的なナショナリズム・大衆扇動的ポピュリズムの台頭だ。経済のIT化・グローバル化に伴い、米国・欧州・アジアの各国でこの流れについていけずに「負け組」となった一部の「大衆」と新技術のノウハウを武器に「勝ち組」となった「エリート」の間で相克が起きている。

ＩＴ技術は経済のグローバル化を不可逆的に進めたが、ＩＴに人間の心までグローバル化する力はない。決してハイテクではないが、それなりに勤勉に働いていた低学歴のブルーカラー労働者・農民など、行きすぎたグローバリズムの犠牲となった人びとを誰かが救済しない限り、彼ら「負け組」は今後も自国民第一主義、排外主義に傾倒していくだろう。

このように世界経済のＩＴ化、グローバル化が止まらないなか、多くの国で民族主義的、排外主義的傾向が強まりつつある。米国における典型例が「トランプ現象」であり、「ダークサイド」、すなわち「醜く不健全な民族主義、大衆迎合主義、差別主義、排外主義」をトランプ政権が助長したことは間違いない。

第二は国際面、とくに、「米国」対「旧帝国」という大国間の競争・対立の激化である。いまや大国となる条件は、植民地の多寡ではなく、人口、領土、資源、軍事力、経済力、技術力の有無となった。これらをめぐり、昔のような「持てる国」対「持たざる国」ではなく、「現状維持」勢力と「現状変更」勢力の間で新たな相克が始まったのだ。

第三は、今後世界が予測可能性の高い安定期から、より不確実性の高い不安定期に入る恐れである。もし世界が、１９３０年代のように、主要国の政治家が「勢い」と「偶然」と「判断ミス」による政治決断を繰り返す時代に戻るのだとすれば、政治家の個々の過ちを咎めたところで、状況は元に戻らず、誤った「新常態」が再生されていくということだ。
　そうなれば、その後の予想は困難である。「新常態」を前提として、新たな「勢い」と「偶然」と「判断ミス」による政治決断が繰り返されるからだ。冷戦時代までは基本的に多くの事象が事前にある程度予測可能だった。いまは欧州が、中東が、そしてアジア地域までもが不確実性を高め、従来とは異なる、経済的、軍事的合理性を欠く動きを示し始めている。

◉――歴史は時に韻を踏む？

　昔から筆者は1930年代に関心があった。歴史は筆者の専門ではないが、いま当時を振り返ることは無駄ではない。「歴史は繰り返さないが、時に押韻する」ということわざもある。個々の具体的事象は異なるものの、歴史の大局の基本部分は往々にして似たような韻を踏むことが多いからだ。ここからは、2019年に筆者が書いた問題意識（『Voice』2019年4月号）を再録しつつ説明したい。

•1930年、日本の濱口雄幸内閣は金輸出自由化に踏み切った。前年10月にニューヨーク株式市場で大暴落があったが、日本の金融界はこれ以上の遅延は許されないとして金解禁を支持した。その結果、投機筋の思惑買いによる円買いドル売りで巨額の金と正貨が国外に流出してしまう。それにしても当時の関係者はなぜそれを予想できなかったのか。

- 31年、続く犬養毅(いぬかいつよし)内閣は金輸出を再び禁止し、インフレ策と不況対策で経済の立て直しにある程度成功した。ところが、同内閣が中国における軍部暴走を事実上黙認したこともあり、満州事変が勃発する。それにしても、当時の軍部は同事件の中長期的悪影響をなぜ見通せなかったのだろうか。
- 32年には五・一五事件で犬養首相が暗殺され、それ以降日本では政党内閣による統治が失われる。翌33年にはドイツでナチス党が独裁権力を確立し、アドルフ・ヒトラーはベルサイユ条約を破棄してドイツの再軍備を宣言、国際連盟や国際労働機関からの脱退を実行する。ドイツ国民はなぜあのような非人道的なナチス政権誕生を許したのだろうか。
- 34年には日本の帝国弁護士会がワシントン海軍軍縮条約廃棄を求め、日本政府は同年12月に実際に廃棄を通告したため、その後、世界各地で軍拡競争が激化するようになった。それにしても、国際関係が専門ではない弁護士会がなぜそのような要請を行なったのか。なぜそうした非合理な政治決断が繰り返されたのか。

- 35年には日本で二・二六事件が発生する。36年にはナチスドイツがユダヤ人の公民権を停止、37年には日米間で日本製綿製品のダンピングを制限する日米綿業協定が締結されたものの、38年にはナチスドイツがオーストリアを併合、日本の帝国議会では国家総動員法が可決され、英仏伊独はチェコスロバキア帰属問題に関しミュンヘン協定を締結する。

- 追加的領土要求を行なわない旨の約束の代償としてヒトラーの要求を全面的に認めたミュンヘン協定は、第二次世界大戦勃発前の対独宥和政策の典型だった。当時のチェンバレン英内閣はなぜヒトラーにもっと圧力をかけなかったのか。そして、39年、ついにドイツとロシアがポーランドに侵攻し、第二次世界大戦が勃発した。もうこのくらいで良いだろう。

- 英国の作家でノーベル平和賞を受賞したノーマン・エンジェルは1909年に名著『大いなる幻想』を出版し、そのなかで「欧州諸国経済間の相互関係はあまりに密接であるため、戦争は完全に無益であり、軍国主義などは時代遅れである」と述べた。エンジェルのこの主張は完全に間違っていたが、約一世紀後のいまも、欧米で同様の主張が繰り返されるのは決して偶然ではない。

◉──バイデン政権でも続く政治的誤算

さて、政治家が「勢い」と「偶然」と「判断ミス」による政治的誤算を繰り返す可能性に話を戻そう。こうした傾向は米国にも以前からあったが、それがトランプ政権になって助長されたことは疑いない。不幸なことに、政治的誤算の連鎖はバイデン政権になっても続いている、と見るべきではないか。筆者がそう考える理由はこうだ。

失礼な言い方になるかもしれないが、そもそも、バイデン氏は決して強力な政治家ではなかった。１９７３年に上院議員に当選して以来、２０２１年に78歳でようやく大統領に就任するまで50年近くを要したこと自体、バイデン氏の政治家としての力量が十分ではなかったことを示している。

だが、往々にして、政治家は時代がつくるものだ。バイデン氏が大統領候補の適齢期だった90年代以降、民主党には若いビル・クリントン氏とアル・ゴア氏、非白人のバラク・オバマ氏、女性のヒラリー・クリントン氏といった政治家がいた。白人男性・中道ではあるが、これといった特徴の少ないバイデン氏に出番がなかったことは事実である。

しかも、すでに述べたとおり、時代は中道左派、中道右派による政権交代の時代から、極右、極左を含む左右両極の激突の時代に移行しつつある。以前であれば最も集票力のあった中道政治家が高齢化し、いまや妥協を受け入れない左右両派からのさまざまな批判に晒されれ、得意であるコンセンサスづくりも封じられている。これがバイデン大統領が直面する現実であろう。

バイデン政権の政策が失敗の連続だとは必ずしも思わない。たしかに、ウクライナとガザをめぐる戦争への、プロから見れば適切な対応も、一般国民には後手後手に見えるだろう。だが、国内経済政策では新型コロナも一応収束し、追加経済対策やインフラ投資にも力を入れ、株価も一時4万ドルを超えるなど、一定の成果は出している。

高齢すぎる、認知症の疑いがある、発言がブレる、記憶違いや勘違いが多すぎる、といった批判があるのは事実だろう。そのことは2024年6月27日のテレビ討論会を見れば明らかである。だが、バイデン政権の4年間を、トランプ政権のそれと冷静に比較すれば、バイデン氏の現在の支持率の低さが同氏に対する公平な政治的評価だとは必ずしも思わない。

第3章　第二期トランプ政権のシナリオ

「この国には明らかな反白人感情があり、それも許されないと思う。いまの法律はとても不公平だし、教育も非常に不公平で抑制されている。それが大きな問題になるとはまったく思わないが、今日、白人に対する偏見は絶対にあり、それは問題である」

（ドナルド・トランプ、米『タイム』誌インタビュー、２０２４年４月30日）

◉──トランプ再選の可能性に怯えるワシントン

２０２４年５月、筆者はワシントンに出張した。過去20年間、大統領選挙のある年は少なくとも二度は出かけているが、今回の現地の雰囲気は、トランプ氏が勝利した２０１６年のときよりもはるかに深刻に思えた。ある評論家は、バイデン氏の大統領選からの撤退前、今回の選挙が「老人（バイデン）対狂人（トランプ）」の戦いになると述べたが、それはワシントン住人の屈折した閉塞感の裏返しだと感じた。

民主党系の友人などは「トランプ再選にでもなれば、アメリカは滅茶苦茶になるだろうから、自分は日本かどこかに亡命したいくらいだ」などと言い切った。半分は冗談だろうが、こうした漠然とした不安は、全人口の３割前後を占める「トランプ支持者」を除く、他の多くの米国人有権者に共通する皮膚感覚ではなかろうか。

現在ワシントンの某保守系シンクタンクは、第二期トランプ政権が身分保障のある職業公務員最大5万人を解雇し、すべてを政治任用職に置き換えるための大統領令を出す前提で、それら政治任用職の候補者の人選を始めているという。日本で言えば、霞が関各省の総合職をほぼ全員「政治任用職」と入れ替えるというぐらいの話だから、穏やかではない。

いくら政治任用が進んだ米国でも、官僚組織にはそれなりの人材がいる。現在は政権交代ごとに約4000人の上級ポストが政治任用の対象になると言われるが、これに加えて中堅ポストも含む最大5万人の公務員まで政治任用の対象とすれば、多くの官僚組織は機能不全となるだろう。いくら忠誠を求めるためでも、ちょっとやりすぎではないか。

もう一つ、今回ワシントンに来て印象深かったのは、リベラル系だけでなく保守系も含め、早くも多くの識者・論客が、「もしトラ」となった場合、第二期トランプ政権の閣僚や高官の具体的陣容や内政・経済・外交に関する諸政策について、予想し始めたことだ。気の早い話とは思うが、2024年は大統領選の始まりが従来よりも早まったからだろう。

◉──「もしトラ」政策をいかに予測するか

米国の歴代大統領府のなかでも、第一期トランプ政権ほど透明性が高いわりに予測可能性の低かったホワイトハウスは思いつかない。たとえば、ニクソン大統領の時代にも為替や対中関係で「サプライズ」はあった。だが、これらはいずれも、当時ニクソンが明確な戦略的目標と冷徹な戦術的手段を考え抜いた末に取った政策であり、それなりの正当性があった。

一方で、第二期トランプ政権はいったい何をするか皆目わからないという批判も少なくない。たしかにそうなのだが、これには注釈が必要だ。筆者の見立ては、「トランプ氏の判断には間違いも少なくないが、彼が判断を誤る際には、必ずと言ってよいほど、判断ミスのパターンがいくつかある」という仮説である。

このパターンを見つけるためのヒントは何点かある。第一は、トランプ氏が公表している政策公約の行間を読むことだ。幸い、トランプ氏は「アメリカ第一」政策研究所なる組織を立ち上げており、政策公約として「10の柱」を掲げ、ご丁寧にもネット上で公開している。第二期トランプ政権の政策を占ううえでこれ以上の情報ソースはないだろう。

●――第二期トランプ政権の政策「10の柱」

ここからはその「10の柱」を一つひとつ見ていこう。原語で「THE AMERICA FIRST AGENDA PILLARS」と題されたトランプ大統領候補の公約集では以下のように書かれている。読者の皆さんの理解を深めるべく、【】内には第二期トランプ政権の諸政策の背景、目標、特徴、問題点などを、筆者のコメントとともに適宜記した。

第1の柱

世界で最も偉大な経済をアメリカ全国民のために機能させる
MAKE THE GREATEST ECONOMY IN THE WORLD WORK FOR ALL AMERICANS

【トランプ氏はあくまで経済人なのだろう。偉大なアメリカの偉大な経済こそがすべてのアメリカ人を救う源だと説いている。トランプ政権時代に米国経済は繁栄し、所得は拡大し、貧困は減ったが、第二期政権では偉大なアメリカ経済を建設し、すべてのアメリカ人の希望

と繁栄を回復すると主張しているのだが、そんな簡単にいくだろうか】

第2の柱

患者と医師を医療の担い手に戻す

PUT PATIENTS AND DOCTORS BACK IN CHARGE OF HEALTHCARE

【米国の医療システムは破綻(はたん)しており、医療を必要とするすべての患者が適切な医療にアクセスできるようシステムの改善を図る、と説いている。医療は一般国民の最大関心事の一つだから、第2の柱にヘルスケアを据えたことは当然であろう】

第3の柱

自由、平等、自治に対するアメリカの歴史的コミットメントを回復する

RESTORE AMERICA'S HISTORIC COMMITMENT TO FREEDOM, EQUALITY, AND SELF-GOVERNANCE

【生命と自由と幸福希求という神が与えた諸権利を記した米国独立宣言を引用しつつ、トランプ氏が最も批判するのは、なんのことはない、ハイテク大企業によるSNS上の言論制

「アメリカ第一」政策研究所の公式サイトより抜粋

限、リベラルによる人工中絶権の主張、宗教の自由への迫害など米国の伝統的価値に対する制限だった。皮肉なことに、こうした自由を最も軽視するのがトランプ政権だったのではと思うと、苦笑を禁じえない】

第４の柱

親が子どもの教育をより管理できるようにする

GIVE PARENTS MORE CONTROL OVER THE EDUCATION OF THEIR CHILDREN

【家庭を強くし、地域共同体を豊かにし、国家を強靭（きょうじん）にするため、教育の選択肢を広げ、官僚や労働組合や教師ではなく、親が子ども、学生、次世代の教育に責任を持つべし、というきわめて保守的な主張である】

第5の柱

国境を確保し、人身売買をなくし、麻薬カルテルを撲滅する

SECURE THE BORDER, END HUMAN TRAFFICKING, AND DEFEAT THE DRUG CARTELS

【不法移民対策は「アメリカ第一」トランプ政策の一丁目一番地であり、2017年の大統領就任後、メキシコ国境での壁の建設など、最も早く具体化した分野である】

第6の柱

力とアメリカの指導力を通じて平和を実現する

DELIVER PEACE THROUGH STRENGTH AND AMERICAN LEADERSHIP

【「アメリカ第一」の外交・国家安全保障政策について包括的に述べている部分であり、きわめて重要と思われるので、別途、該当部分全文を逐語訳して詳しく説明したい】

第7の柱

アメリカのエネルギーを自立させる

MAKE AMERICA ENERGY INDEPENDENT

【「アメリカ第一」主義のエネルギー政策は、自由市場経済と透明なガバナンスに基づき、死活的なインフラ・就業への投資を認め、不安定な外国エネルギー源への依存を減らし、環境を保全するため、すべてのエネルギー産業が競争できる平等な環境を生み出すとともに、有害な規制と産業全体の成長の阻害要因を撤廃するような、透明で公平な規制環境をつくり出すことにある、と説く。聞こえは良いが、要するに、民主党の環境重視の厳しい規制政策はやめる、と言っているように聞こえるのだが……】

第８の柱

投票を容易にし、不正を困難にする

MAKE IT EASY TO VOTE AND HARD TO CHEAT

【聞こえは良いが、要するに２０２０年大統領選挙のような「不正」は許さない、と言っているように読める。ついでに言わせてもらえば、いまの投票制度では選挙人登録をしないと投票権を行使できず、アフリカ系に不利だとの批判もあるはず。投票を容易にしたら、民主党支持が多いアフリカ系の投票率が高まり、困るのは共和党ではないのかなぁ！】

第9の柱

すべての国民が平和に暮らせるよう、安全で安心な地域社会を実現する

PROVIDE SAFE AND SECURE COMMUNITIES SO ALL AMERICANS CAN LIVE THEIR LIVES IN PEACE

【基本的には、治安問題、警察力の強化、ホームレスやギャングによる暴力や犯罪などの問題を解決すべしというのだが、これら諸問題のなかで突然、「米国全土での中国の悪意ある影響力」が入ってくるところがじつに興味深い】

第10の柱

(ワシントンの闇の政府という)沼の水を抜くことにより政府の腐敗と闘う

FIGHT GOVERNMENT CORRUPTION BY DRAINING THE SWAMP

【ここで言う「沼」とはワシントン、「水」とは「ディープ・ステート(闇の政府)」のことだろうから、じつはトランプ氏に「歯向かった」ワシントンの情報・外交・警察・司法等の官僚・専門家などに対する粛清を堂々と宣言しているに等しい】

以上、ネット上で公開された政策公約を読む限り、トランプ氏の考え方は２０１６年から８年間、あまり、というかほとんど変わっていないようだ。それどころか、「第10の柱」で挑発的に宣言したとおり、第二期トランプ政権は「復讐の鬼」と化した大統領が、その力の限り、リベンジに没頭するのではなかろうか。

◉――「アメリカ第一」外交・安全保障政策とは何か

これまで見てきた「10の柱」のなかで筆者が最も注目したのは「第6の柱：力とアメリカの指導力を通じて平和を実現する」だ。これをさらに詳しく説明した以下の六つのパラグラフは、筆者の知る限り、第二期トランプ政権の外交安保政策を最も公式に暗示した文章であり、全文逐語訳に値すると考える。先述と同様、【　】内には筆者のコメントを記した。

①第二次世界大戦と冷戦におけるアメリカの勝利により、アメリカは〝地球上の人間にとって最後の、そして最良の希望〟としての地位を確立した。世界のあらゆる地域における自由の大義は、強いアメリカに依存している。米国が安全であれば、海外において

も、より大きな自信をもって、米国の安全保障を推進することができる。

【このパラグラフ自体は従来の政策とあまり変わらないが、傍線部の「米国が安全であれば」という表現に「アメリカ第二」的な微妙なこだわりが感じられる】

②国家安全保障に対するアメリカ第一主義のアプローチは、軍事力がアメリカ国民の利益のために使われることを保証する。我々の外交政策は、ワシントンのいまや時代遅れになりつつある（従来の）正統な外交・国防政策に合わせるのではなく、新たな問題と新たな脅威と既存の同盟に対する真にアメリカ的なアプローチを反映すべきである。

【真にアメリカ的（authentically American）が何を意味するかは不明だが、その対象の一つに「既存の同盟」が含まれている点は大いに気になる】

③米国は世界において独自の役割を担っており、その国民が強く、安全で、繁栄していれば、他国のために最善を尽くすことができる比類なき能力を有している。アメリカ第一主義のアプローチでは、米国人の生命や資産を海外でコミットする場合、米国民に具体的な利益をもたらすことが求められる。

【簡単に言えば、米国が対外的な防衛義務を負うかどうかは、無条件ではなく、米国民の「具体的な利益」が必要だと言っている。文字どおり読めば、国際法上の義務にも条件をつけかねない問題ある内容だ】

④国家の安全保障を強化するためには、アメリカ第一主義の外交政策を確立しなければならない。この種の外交は、重要な同盟関係に相応の貢献をし、敵対勢力を抑止することへのコミットメントを共有する国々との協力を優先する。

【相応の貢献（contribute their fair share）が何を意味するかは不明であるが、最悪の場合、トランプ氏が承認しない限り、「相応な貢献」とは認めない可能性すらあるということか】

⑤また、我々は世界最強の軍事力を維持するとともに、米軍を抑止と戦争遂行という本来の任務に戻さなければならない。さらに、我々は中東における平和と繁栄への大胆かつ新しい道を追求するとともに、中国に対しその近隣諸国への侵略行為、透明性の欠如、その他の行動に対する責任を追及しなければならない。

【この部分は伝統的共和党式の国際主義的安全保障観に近いが、中東における大胆かつ新しい道（a bold new path）とは何を意味するのか、中国の責任を追及する（hold China accountable）と言うが、いったい何を、どの程度まで追及するのか、圧力をかけるのか等は不明である】

⑥これらの優先事項に焦点を当てることで、米国は国家安全保障へのアプローチにおいて、外交問題でアメリカ第一主義を貫き、国際的脅威から国民を守ると同時に、米国民を犠牲にして経済的・軍事的に自国の活動を過度に拡大することを回避できる。前（トランプ）政権における「アメリカ第一」外交の革新的アプローチが示したように、アメリカは新たな戦争を回避し、歴史的な和平協定を締結し、友好国やパートナーとの平等で公平な負担分担を促進することで、自国を守り世界で主導的役割を果たすことができる。

【こんなに簡単にいくとは到底思えない「言葉の遊び」の部分である。もし第一期トランプ政権の外交が「アメリカ第一」外交だったと言うなら、それは限りなく「言うは容易だが実施は困難」な失敗外交に近い代物だったのではないのか】

◉――「アメリカ第一」の修正主義者たち

どうやら、トランプ氏の「アメリカ第一」政策研究所の公式サイトの外交部分を何度精読しても、これ以上の詳細は見えてきそうもない。どうせ上記文章もトランプ氏の側近グループが、周辺のさまざまな意見の相違を勘案しつつ、鉛筆を舐め舐め適当につくったのだろう。となれば、次はトランプ氏以外のソースから第二期トランプ政権の政策・陣容を占うしかない。

筆者は予想屋ではないが、幸い２０２４年に入り「もしトラ」系のエッセイや小論が、保守系、リベラル系を問わず、大手メディアで掲載されるようになった。その題名もさまざまで、「トランプ再選の真の危険」「トランプ外交は世界を驚かす」「トランプ再選後の閣僚名簿」「二期目のトランプチームに『大人』はおらず」、といった具合である。

これらのなかで、米国外交専門誌『ナショナル・インタレスト』のジェイコブ・ハイルブランが書いた「トランプ再選の真の危険」（『ニューヨーク・タイムズ』２０２４年5月21日）と題するエッセイは、トランプ氏の周辺にいる外交・安全保障政策の専門家の実態に関する、現時点で最もわかりやすい解説だと思われる。されば、ここでは同エッセイが描く第二期トランプ外交について紹介しよう。その要旨は次のとおりだ。

●トランプ周辺には復古主義者（Restorationist）と修正主義者（Revisionist）がいる。
●復古主義者とは、ポンペイオ元国務長官、ロバート・オブライエン元国家安全保障担当大統領補佐官のような伝統的共和党主流派で、米国の外交はロナルド・レーガン大統領時代の「タカ派姿勢と国際主義」外交に復帰・復古すべきだと考える。
●対する修正主義者は、リチャード・グレネル元駐ドイツ米大使などの「アメリカ第一」主義者で、復古主義者よりさらに厳しいアプローチを好み、かつ往々にして、米国一国でも行動することを望む外交を志向する。
●修正主義者は、米国の安全が欧州と一体とは考えず、NATO加盟の価値を重視せず、米国が「アメリカの砦（とりで）」から一方的に、同盟国や国際機関に邪魔されることなく、いつでもどこでも、好きなときに武力を行使する権利を持つという夢を長年抱いてきた。
●修正主義者は、欧州・アジアとの貿易戦争を辞さず、FRB（米連邦準備制度理事会）の独立性に疑念を抱き、貿易増大のためのドル安、中国・欧州からの輸入品への高関税、中国との経済的デカップルを志向し、プーチンには取り入るが、日韓には不信があり、中国を威嚇（いかく）し、メキシコには暗殺部隊を送り、中国と対決するためならウクライナへの支援を減らすことも交渉上辞さない。

- 修正主義者は国内方面では「闇の政府」の粛清を志向する。
- トランプは公式に「台湾の側に立つ」旨の発言をしたことはない。

以上の分析が正しいとすれば、第二期トランプ政権の周囲には「修正主義者」が少なくなく、「復古主義者」は少数派である可能性が高い。要するに、「アメリカ第一」の修正主義者は、同盟国にコミットや義務を負いたくない、外国に振り回されたくはないが、米国一国で勝手に決め、安全な所からのみ自由に「力の行使」をしたい、子どもの集団なのだ。

◉――ワシントンの人事戦争

ここで、身も蓋（ふた）もない話をしよう。１９９２年、クリントン・ブッシュ間で大統領選挙が戦われていた頃、筆者は在米国日本大使館の政務班で日米安保と中東湾岸を担当していた。

大使館には米国内政専門部署や議会班もあったが、大統領選挙の年は大使館職員全員で米大統領選挙の行方を追っていた。おそらくこれは、いまも変わらないだろうと思う。

当時も現在と同様、クリントン政権が誕生したら誰が入閣するか、誰が国務、国防、CIAなどの長官になるか、誰が国家安全保障担当大統領補佐官や特別補佐官になるかについてさまざまな識者、メディア、政治評論家たちが「見てきたかのような」新たな情報を流しまくる。そのたびに、哀れ外国の大使館員や特派員は名前の挙がった人びとに文字どおり群がっていく。

ところが、そうした死に物狂いの努力も、ほとんどの場合は無駄になる。何度も名前の挙がるような人はすでに「当確」である場合が多く、その種の人たちは「ぽっと出」の若い外交官など見向きもしない。逆に「当て馬」のような人は、一回は会ってくれるかもしれないが、結局は「大化け」しないので、徒労に終わるケースが少なくなかったのである。

こうした状況もおそらく変わらないだろう。ということは大統領選挙の年の7月の段階で閣僚・高官候補に名前の挙がる人の多くは、おそらく「大化け」しないのである。しかも、日本でもそうだが、閣僚人事なんて直前に変わるもの、とくに上院の承認手続きが必要な米国では候補を絞ることすら容易ではない。

通常、一つのポストには数人の有力候補者がおり、その誰がポストを得るかで、その省庁の副長官、次官、次官補、次官補代理あたりまで、主要ポストの候補者が一瞬で変わってしまう。されば、第二期トランプ政権の外交安保チームについても、「復古主義者」対「修正主義者」の競争は、トップが決まるまでは、始まりさえしないかもしれないのだ。

◉——第二期トランプ政権の閣僚・高官をあえて予想する

２０２４年7月中旬の時点で言えることは、以下のとおりである。

①現在30人程度の、閣僚・高官候補の名前が挙がっている。
②仮に、外交安保チームの閣僚レベルに伝統的国際主義の「復古主義者」が決まったとしても、アメリカ第一の「修正主義者」は影響力低下を恐れ、必ずその下のポストを取りにいくはずだ。
③逆に、「修正主義者」がトップに座っても、「復古主義者」は職業公務員の専門家集団と組んで政策の修正を企むだろう。

④実際の政策は、そうした水面下での事務的協議の結果、決裁文書の形で決まっていくので、たとえ大統領が指示したとしても、「悪魔は細部に宿る」ものなのだ。

⑤されば、現時点で具体的な名前を予想してもあまり実益はないかもしれない。

だから、現時点でのワシントンの人事話は「身も蓋もない」のだが、本章の末尾に、現時点で「大化け」しそうな候補者たちを列挙し、簡単な経歴と特徴を記す。11月5日の投票結果が決まったら、このリストをもう一度見直していただければ幸いである。

●——「もしトラ」、八つのリスク

最後に、誰が閣僚・高官になるにせよ、ある程度の情報は揃ったので、現時点で入手できた情報に基づき、第二期トランプ政権の基本的な方向性について分析・予測してみよう。筆者の見立ては次のとおりである。

①トランプ氏はその難しい性格もあり、引き続き外交面での言動に問題は残るだろうが、

外交政策の底流は従来とは異なる「21世紀のモンロー主義」、すなわち「衰えを自覚し始めた超大国が建国当初の孤立主義に復帰しようとする衝動」である。

②「トランプ現象」の本質は内政、とくに「少数派に転落し知的経済に乗り遅れた白人非エリート層の不満と憤怒」であり、トランプ政権は不法移民など国内問題や自己の名誉回復に精力を傾注するため、米国外交の戦略性と政策的比重は低下する。

③内政面で特記すべきは、第二期トランプ政権が「闇の政府」のメンバー、とくに過去８年間自分を批判してきた（能力ある）政治家・官僚を敵視し、彼らに徹底的に報復するため、ワシントンの統治機構が劣化することである。

④欧州ではＮＡＴＯが弱体化し、ウクライナ戦争はロシアの勝利に終わるかもしれない。

⑤中東方面では米国の軍事関与が低下し、イスラエルのネタニヤフ首相は政治的に生き残り、イランは核武装にさらに一歩近づくだろう。

⑥インド太平洋では同盟強化に向けた議論は低調となり、代わりに日本、中国を含む東アジア諸国との貿易戦争が再発する恐れすらある。

⑦中国に対する懸念は深く、引き続き対立は続くだろうが、台湾の現状維持に限れば、バイデン政権ほど中国による台湾侵攻の危険性を重視しない可能性がある。

⑧「地球温暖化」「環境」などの地球規模の課題には無関心で、国連など国際機関にも時間を割かず、米国の多国間外交は停滞する。

こんな「内向き」な米国は、米国の同盟国だけでなく、世界の国々、そして米国自身にとっても利益とはならない、と多くの米同盟国は懸念しているに違いない。第4章からは対象地域を欧州、中東、インド太平洋に絞り、第二期トランプ政権が取る可能性の高い外交政策とその功罪につき、さらに詳しく論じてみたい。

第二期トランプ政権の閣僚・高官候補リスト

写真	氏名・略歴	ポストと政治的立場
	Ｊ・Ｄ・ヴァンス（上院議員・作家・伝統的共和党主流派に批判的な保守派） １９８４年生、海兵隊入隊、退役後オハイオ州立大卒、イェール大法博士、ベンチャーキャピタリスト、作家、カトリックに改宗、２０１６年に白人労働者を題材としたベストセラー『ヒルビリー・エレジー』で有名に。かつてはトランプの批判者だったが、現在はトランプ支持者。保守強硬派の一人。	副大統領候補に指名される
	マイク・ポンペイオ（元国務長官・伝統保守・レーガン時代回帰派） １９６３年生、陸軍士官学校卒、従軍後、ハーバード大で法務博士取得、２０１１年に連邦下院議員、17年1月にＣＩＡ長官、18年4月に国務長官。極秘に北朝鮮を訪問、19年4月、北朝鮮はポンペイオを米朝協議から外すよう要求、21年2月からハドソン研究所所属。	出番はあるのか？ 回帰主義者
	ロバート・Ｃ・オブライエン（元大統領補佐官・伝統保守・レーガン時代回帰派） １９６６年生、ＵＣバークレー卒、弁護士、２０１２、16年大統領選予備選でロムニー、クルーズを支援、18年に人質問題大統領特使、19年に国家安全保障問題担当大統領補佐官。対イラン・中国強硬派、トランプをつねに弁護するも、20年選挙のバイデン勝利は認める。現在はコンサル企業経営者。	国務長官？ 国防長官？ 回帰主義者

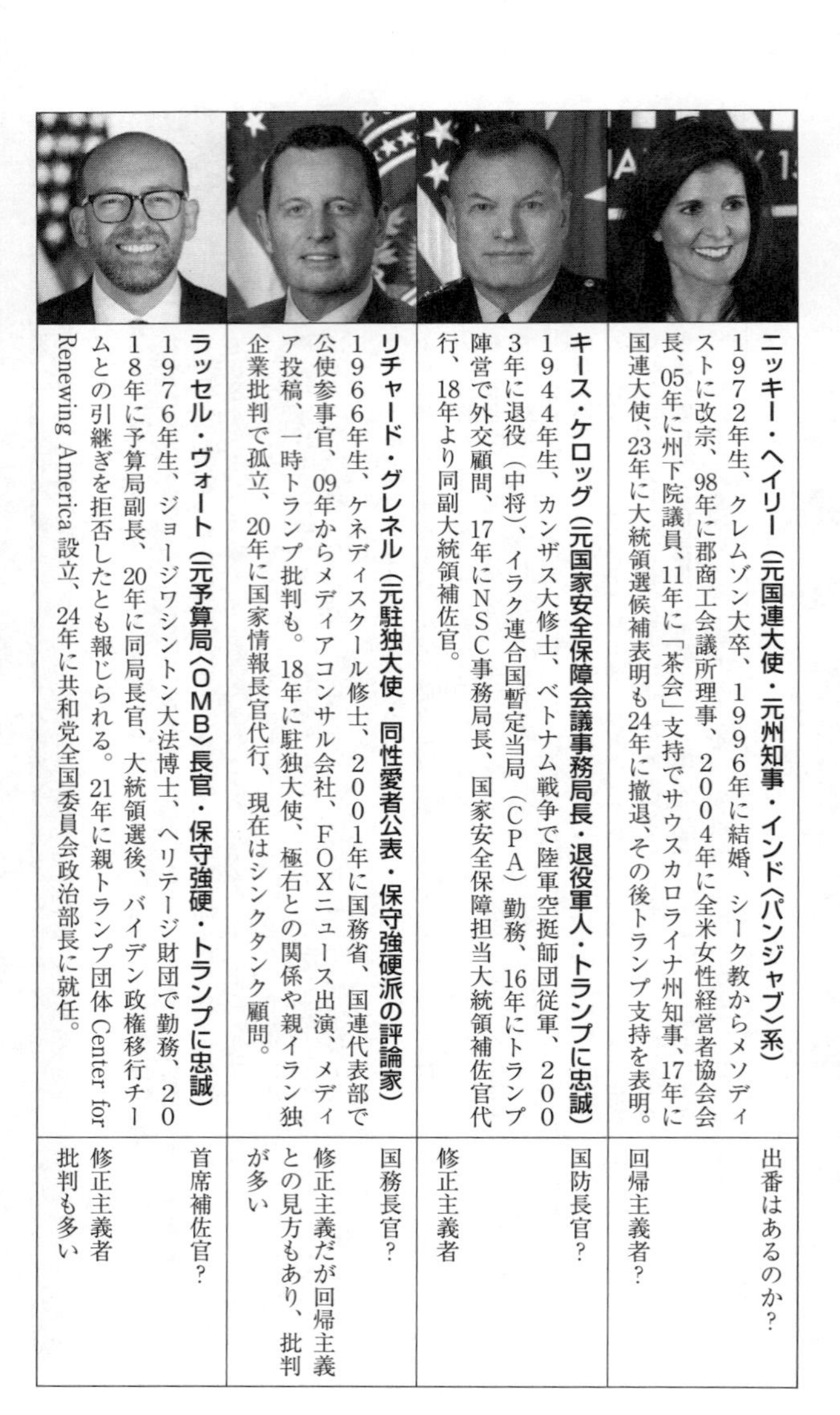

ニッキー・ヘイリー（元国連大使・元州知事・インド〈パンジャブ〉系） 1972年生、クレムゾン大卒、1996年に結婚、シーク教からメソディストに改宗、98年に郡商工会議所理事、2004年に全米女性経営者協会会長、05年に州下院議員、11年に「茶会」支持でサウスカロライナ州知事、17年に国連大使、23年に大統領選候補表明も24年に撤退、その後トランプ支持を表明。	出番はあるのか？	回帰主義者？
キース・ケロッグ（元国家安全保障会議事務局長・退役軍人・トランプに忠誠） 1944年生、カンザス大修士、ベトナム戦争で陸軍空挺師団従軍、2003年に退役（中将）、イラク連合国暫定当局（CPA）勤務、16年にトランプ陣営で外交顧問、17年にNSC事務局長、国家安全保障担当大統領補佐官代行、18年より同副大統領補佐官。	国防長官？	修正主義者
リチャード・グレネル（元駐独大使・同性愛者公表・保守強硬派の評論家） 1966年生、ケネディスクール修士、2001年に国務省、国連代表部で公使参事官、09年からメディアコンサル会社、FOXニュース出演、メディア投稿、一時トランプ批判も。18年に駐独大使、極右との関係や親イラン独企業批判で孤立、20年に国家情報長官代行、現在はシンクタンク顧問。	国務長官？	修正主義だが回帰主義との見方もあり、批判が多い
ラッセル・ヴォート（元予算局〈OMB〉長官・保守強硬・トランプに忠誠） 1976年生、ジョージワシントン大法博士、ヘリテージ財団で勤務、2018年に予算局副長、20年に同局長官、大統領選後、バイデン政権移行チームとの引継ぎを拒否したとも報じられる。21年に親トランプ団体 Center for Renewing America 設立、24年に共和党全国委員会政治部長に就任。	首席補佐官？	修正主義者 批判も多い

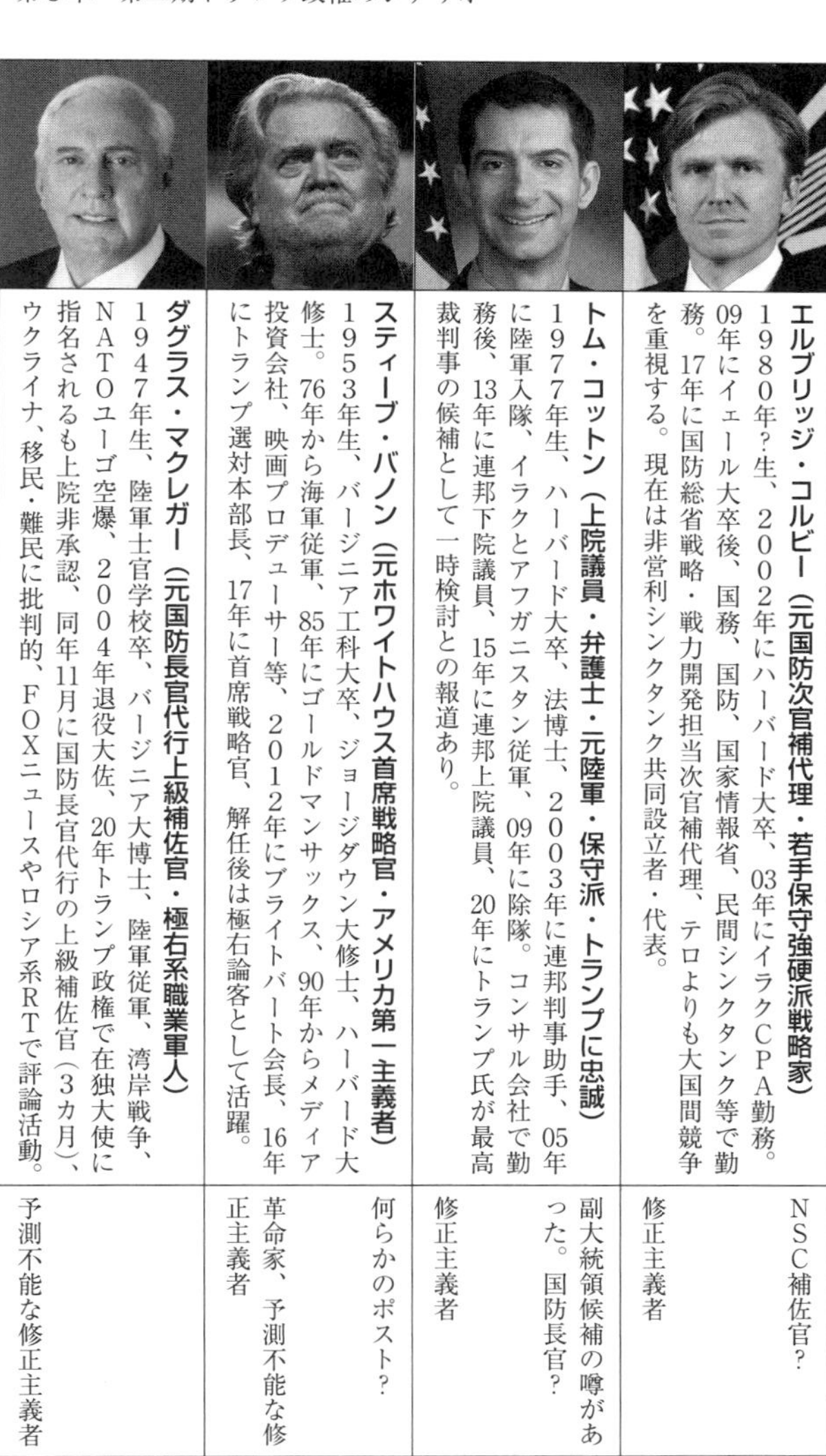

エルブリッジ・コルビー（元国防次官補代理・若手保守強硬派戦略家）	1980年?生、2002年にハーバード大卒、03年にイラクCPA勤務。09年にイェール大卒後、国務、国防、国家情報省、民間シンクタンク等で勤務。17年に国防総省戦略・戦力開発担当次官補代理、テロよりも大国間競争を重視する。現在は非営利シンクタンク共同設立者・代表。	NSC補佐官? 修正主義者
トム・コットン（上院議員・弁護士・元陸軍・保守派・トランプに忠誠）	1977年生、ハーバード大卒、法博士、2003年に連邦判事助手、05年に陸軍入隊、イラクとアフガニスタン従軍、09年に除隊。コンサル会社で勤務後、13年に連邦下院議員、15年に連邦上院議員、20年にトランプ氏が最高裁判事の候補として一時検討との報道あり。	副大統領候補の噂があった。国防長官? 修正主義者
スティーブ・バノン（元ホワイトハウス首席戦略官・アメリカ第一主義者）	1953年生、バージニア工科大卒、ジョージダウン大修士、ハーバード大修士。76年から海軍従軍、85年にゴールドマンサックス、90年からメディア投資会社、映画プロデューサー等、2012年にブライトバート会長、16年にトランプ選対本部長、17年に首席戦略官、解任後は極右論客として活躍。	何らかのポスト? 革命家、予測不能な修正主義者
ダグラス・マクレガー（元国防長官代行上級補佐官・極右系職業軍人）	1947年生、陸軍士官学校卒、バージニア大博士、陸軍従軍、湾岸戦争、NATOユーゴ空爆、2004年退役大佐、20年トランプ政権で在独大使に指名されるも上院非承認、同年11月に国防長官代行の上級補佐官（3カ月）、ウクライナ、移民・難民に批判的、FOXニュースやロシア系RTで評論活動。	予測不能な修正主義者

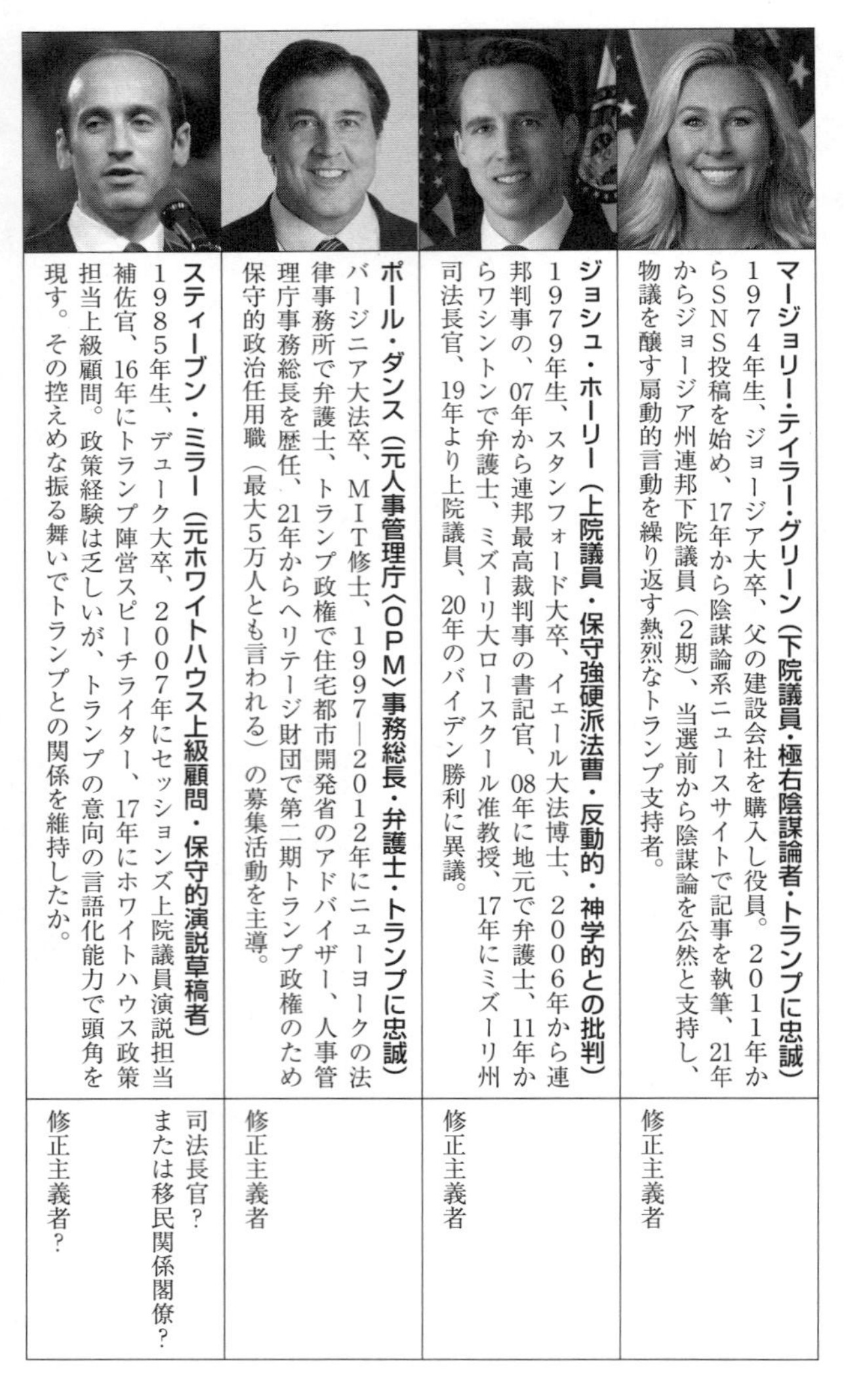

人物	経歴	分類
マージョリー・テイラー・グリーン（下院議員・極右陰謀論者・トランプに忠誠）	1974年生、ジョージア大卒、父の建設会社を購入し役員。2011年からSNS投稿を始め、17年から陰謀論系ニュースサイトで記事を執筆、21年からジョージア州連邦下院議員（2期）、当選前から陰謀論を公然と支持し、物議を醸す扇動的言動を繰り返す熱烈なトランプ支持者。	修正主義者
ジョシュ・ホーリー（上院議員・保守強硬派法曹・反動的・神学的との批判）	1979年生、スタンフォード大卒、イェール大法博士、2006年から連邦判事の、07年から連邦最高裁判事の書記官、08年に地元で弁護士、11年からワシントンで弁護士、ミズーリ大ロースクール准教授、17年にミズーリ州司法長官、19年より上院議員、20年のバイデン勝利に異議。	修正主義者
ポール・ダンス（元人事管理庁〈OPM〉事務総長・弁護士・トランプに忠誠）	バージニア大法卒、MIT修士、1997―2012年にニューヨークの法律事務所で弁護士、トランプ政権で住宅都市開発省のアドバイザー、人事管理庁事務総長を歴任、21年からヘリテージ財団で第二期トランプ政権のため保守的政治任用職（最大5万人とも言われる）の募集活動を主導。	修正主義者
スティーブン・ミラー（元ホワイトハウス上級顧問・保守的演説草稿者）	1985年生、デューク大卒、2007年にセッションズ上院議員演説担当補佐官、16年にトランプ陣営スピーチライター、17年にホワイトハウス政策担当上級顧問。政策経験は乏しいが、トランプの意向の言語化能力で頭角を現す。その控えめな振る舞いでトランプとの関係を維持したか。	司法長官？ または移民関係閣僚？ 修正主義者？

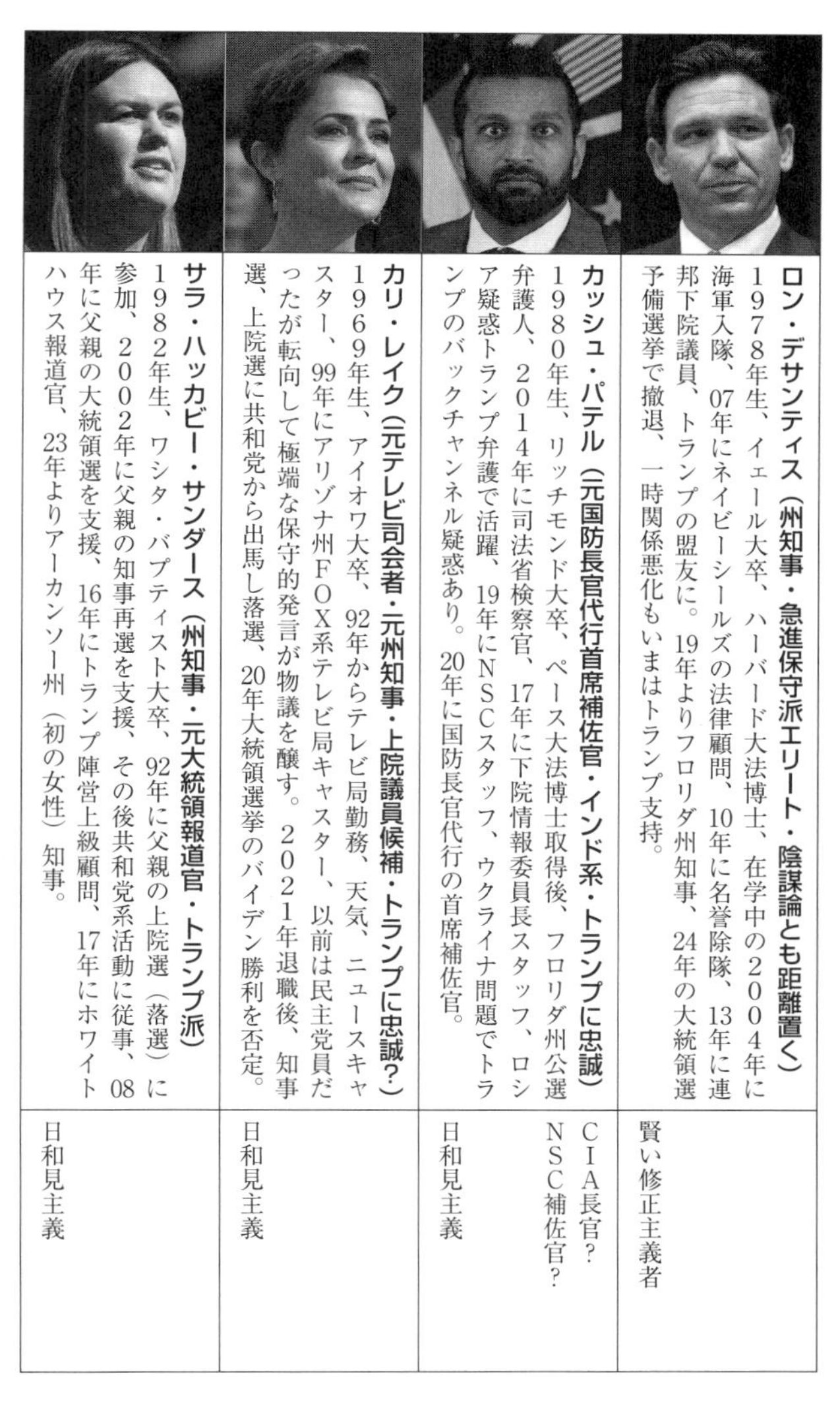

人物	経歴	評価
ロン・デサンティス（州知事・急進保守派エリート・陰謀論とも距離置く）	１９７８年生、イェール大卒、ハーバード大法博士、在学中の２００４年に海軍入隊、07年にネイビーシールズの法律顧問、10年に名誉除隊、13年に連邦下院議員、トランプの盟友に。19年よりフロリダ州知事、24年の大統領選予備選挙で撤退、一時関係悪化もいまはトランプ支持。	賢い修正主義者
カッシュ・パテル（元国防長官代行首席補佐官・インド系・トランプに忠誠）	１９８０年生、リッチモンド大卒、ペース大法博士取得後、フロリダ州公選弁護人、２０１４年に司法省検察官、17年に下院情報委員長スタッフ、ロシア疑惑トランプ弁護で活躍、19年にＮＳＣスタッフ、ウクライナ問題でトランプのバックチャンネル疑惑あり。20年に国防長官代行の首席補佐官。	ＣＩＡ長官？ ＮＳＣ補佐官？ 日和見主義
カリ・レイク（元テレビ司会者・元州知事・上院議員候補・トランプに忠誠？）	１９６９年生、アイオワ大卒、92年からテレビ局勤務、天気、ニュースキャスター、99年にアリゾナ州ＦＯＸ系テレビ局キャスター、以前は民主党員だったが転向して極端な保守的発言が物議を醸す。２０２１年退職後、知事選、上院選に共和党から出馬し落選、20年大統領選挙のバイデン勝利を否定。	日和見主義
サラ・ハッカビー・サンダース（州知事・元大統領報道官・トランプ派）	１９８２年生、ワシタ・バプティスト大卒、92年に父親の上院選（落選）に参加、２００２年に父親の知事再選を支援、その後共和党系活動に従事、08年に父親の大統領選を支援、16年にトランプ陣営上級顧問、17年にホワイトハウス報道官、23年よりアーカンソー州（初の女性）知事。	日和見主義

	**クリスティ・ノーム（州知事・保守強硬派）** １９７１年生、農家・牧場主、サウスダコタ（ＳＤ）州立大卒、２００７年にＳＤ州下院議員（2期）、11年に連邦下院議員（4期）、19年からＳＤ州知事、中絶、移民、オバマケアなどに反対。コロナ禍では専門家の意見に疑義を唱え、マスク着用を義務化せず。	副大統領候補の噂があった。閣僚？	日和見主義
	**バイロン・ドナルズ（連邦下院議員・アフリカ系・保守派でトランプに忠誠）** １９７８年生、フロリダ州大卒、２００３年から金融業界で勤務、12年に同州下院選に出馬するも落選、17年に州下院議員、共和党「茶会」所属、21年に連邦下院議員、20年大統領選結果に異議を唱える。23年に一時下院議長候補に推される。	副大統領候補の噂があった	日和見主義
	**タッカー・カールソン（元ＦＯＸニュースアンカー・保守強硬・トランプ派）** １９６９年生、トリニティカレッジ卒、91年から新聞雑誌記者、２０００年にＣＮＮで保守系コメンテーター・共同司会者、05年にＭＳＮＢＣで司会者、09年からＦＯＸニュースで司会者を務め、23年にＦＯＸニュースを解雇され、現在は保守系ニュースサイト運営。リバタリアンからトランプ派に転向。	副大統領候補の噂があった（トランプ夫人が推薦？）	日和見主義
	**テッド・クルーズ（上院議員・保守強硬派・キューバ系・トランプ支持に転向）** １９７０年生、プリンストン大卒、ハーバード大法博士、96年に最高裁判事書記官、99年にブッシュ陣営顧問、２００１年に成立したブッシュ政権では司法副長官、03年にテキサス州司法長官、13年に「茶会」系候補として連邦上院議員、16年大統領選に出馬も撤退、その後トランプ支持に転向。	司法長官？	日和見主義

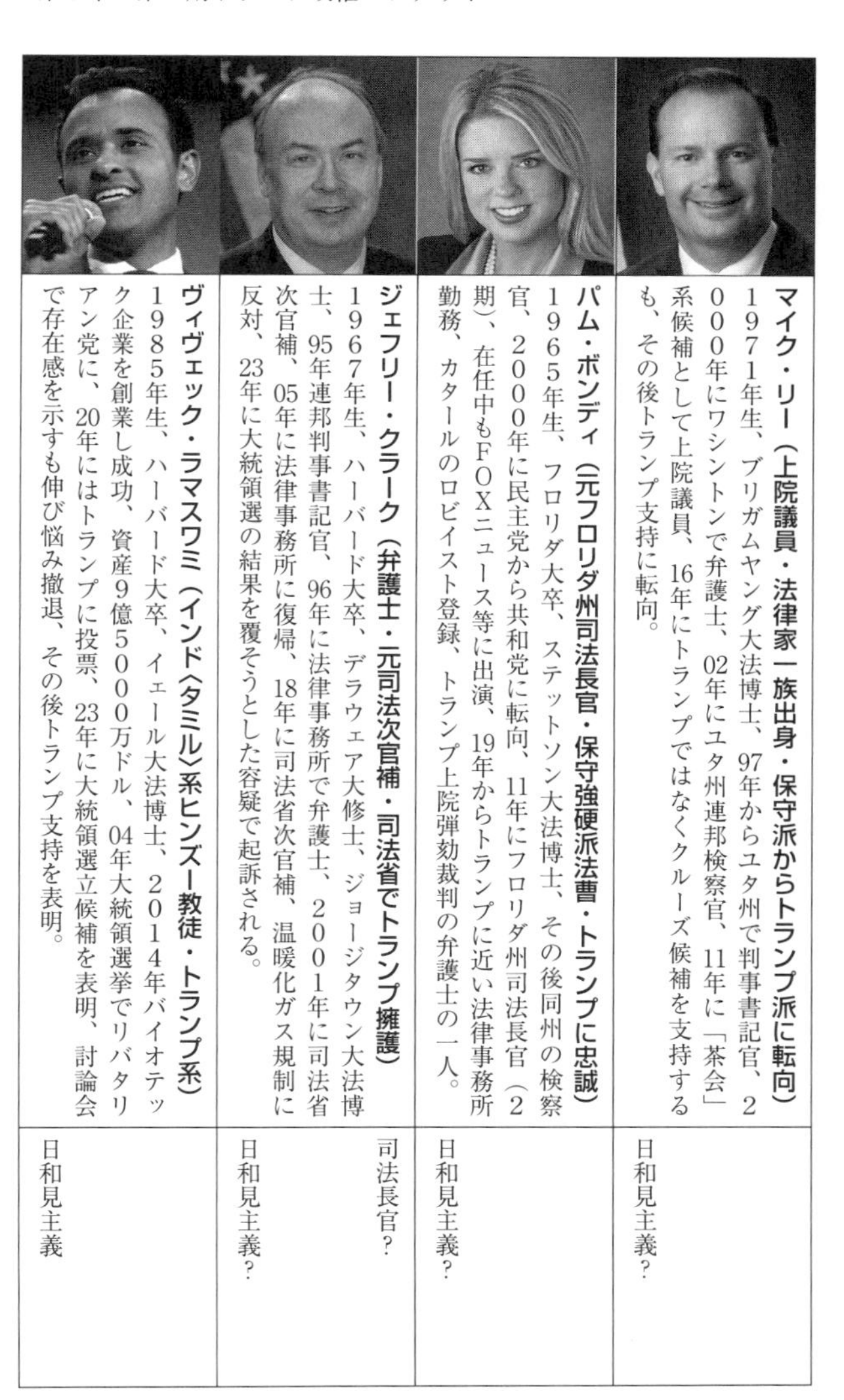

人物	評価
マイク・リー（上院議員・法律家一族出身・保守派からトランプ派に転向） １９７１年生、ブリガムヤング大法博士、97年からユタ州で判事書記官、２０００年にワシントンで弁護士、02年にユタ州連邦検察官、11年に「茶会」系候補として上院議員、16年にトランプではなくクルーズ候補を支持するも、その後トランプ支持に転向。	日和見主義？
パム・ボンディ（元フロリダ州司法長官・保守強硬派法曹・トランプに忠誠） １９６５年生、フロリダ大卒、ステットソン大法博士、その後同州の検察官、２０００年に民主党から共和党に転向、11年にフロリダ州司法長官（２期）、在任中もＦＯＸニュース等に出演、19年からトランプに近い法律事務所勤務、カタールのロビイスト登録、トランプ上院弾劾裁判の弁護士の一人。	日和見主義？
ジェフリー・クラーク（弁護士・元司法次官補・司法省でトランプ擁護） １９６７年生、ハーバード大卒、デラウェア大修士、ジョージタウン大法博士、95年連邦判事書記官、96年に法律事務所で弁護士、２００１年に司法省次官補、05年に法律事務所に復帰、18年に司法省次官補、温暖化ガス規制に反対、23年に大統領選の結果を覆そうとした容疑で起訴される。	司法長官？ 日和見主義？
ヴィヴェック・ラマスワミ（インド〈タミル〉系ヒンズー教徒・トランプ系） １９８５年生、ハーバード大卒、イェール大法博士、２０１４年バイオテック企業を創業し成功、資産９億５０００万ドル、04年大統領選挙でリバタリアン党に、20年にはトランプに投票、23年に大統領選立候補を表明、討論会で存在感を示すも伸び悩み撤退、その後トランプ支持を表明。	日和見主義

エリス・ステファニク（ニューヨーク州選出下院議員・トランプに忠誠） 1984年生、ハーバード大卒、2006年からブッシュ政権で連邦内政評議会と大統領首席補佐官のスタッフ、保守的女性用ブログを立ち上げ、15年より下院議員、21年より下院共和党ナンバー3の議員総会議長に就任、トランプに近い？	副大統領候補の噂があった 日和見主義
ティム・スコット（上院議員・アフリカ系・トランプに忠誠） 1965年生、チャールストンサザン大卒、保険会社設立、95年にチャールストン郡議会議員、96年州上院選で落選、2000年に郡議会に復帰、07年に同議会議長、09年に州下院議員、11年に「茶会」系の連邦下院議員、13年に連邦上院議員、23年に大統領選に立候補後撤退、24年にトランプ支持。	副大統領候補の噂があった 日和見主義？
ベン・カーソン（医師・元住宅都市開発長官・保守派） 1951年生、イェール大卒、ミシガン大医学部卒、脳神経外科医、世界初の頭部結合双生児の分離手術に成功、81年に共和党に転向、84年にジョンズ・ホプキンス大に復帰、2013年に医師引退、16年に大統領選予備選に立候補するも失速し撤退、17年に住宅都市開発長官、21年に民間企業へ。	副大統領候補の噂があった 立場は不明

（注）暗殺未遂事件から2日後の7月15日、トランプ氏はSNSにこう投稿した。「熟考に熟考を重ね、多くの方々の素晴らしい才能を考慮した結果、私は、合衆国副大統領の地位に最もふさわしい人物は、偉大なるオハイオ州のJ・D・ヴァンス上院議員であると決断した。J・Dは海兵隊に所属し、オハイオ州立大学を2年で首席卒業し、イェール大学ロースクールを卒業し、イェール大学ロー・ジャーナルの編集者、イェール大学退役軍人会の会長を務めた。J・Dの著書『ヒルビリー・エレジー』はベストセラーとなり、映画にもなった。J・Dはテクノロジーと金融の分野で大成功を収め、選挙戦の間、ペンシルベニア、ミシガン、ウィスコンシン、オハイオ、ミネソタ、その他多くのアメリカ人労働者と農民のために戦うであろう」。

第4章 トランプはロシア・ウクライナ戦争を止める?

「トランプは、外国の指導者たち、とくに敵対する国の指導者から自分が高く評価されており、習近平、プーチン、金正恩とは良好な関係を築いていると思っている。だが、実際は正反対だ。私はこれらの首脳会談に同席したが、彼らはトランプを笑いのネタ(laughing fool)にしていると思う。トランプ再選があれば『プーチン(のウクライナ侵攻)は抑止できた』などという考えは完全に間違っている」

(ジョン・ボルトン元国家安全保障担当大統領補佐官、CNN「This Morning」でのインタビュー、2023年5月16日)

「ウクライナでの戦争を決着させる」発言の真意

トランプ氏がウクライナ戦争の終結可能性に言及したのは2023年5月のCNNのインタビューだった。そのときトランプ氏は「もし私がいま大統領なら、一日、つまり24時間で戦争を終わらせるだろう。私はゼレンスキー氏もプーチン氏もよく知っている。私なら24時間で終わらせる。それは容易なこと、その取引は簡単だろう」と述べた。

その後トランプ氏は同年7月16日のFOXニュースで本件につき、さらに詳しく次のとおり発言したと報じられた。ちなみに、英『インディペンデント』紙などはこの発言を「トランプ氏がついにウクライナ戦争の終結方法の詳細について言及した」などとして持ち上げていたが、筆者は必ずしもそうは思わない。

「私はゼレンスキー氏をよく知っている。プーチン氏のことももっとよく知っている。私はこの両者と非常に良い関係にあった」

「私なら、ゼレンスキー氏に『もういいだろう、取引をすべきだ』と言い、プーチン氏には『もし取引しないなら我々（アメリカ）は彼ら（ウクライナ）に多くの、しかも、彼らがこれまで得てきた以上に多く（の支援）を与える』と伝えるだろう」

いったいこれのどこが詳細なのか？　これが筆者の第一印象だった。要するに、「軍事支援を止めるぞ、いや、増やすぞ」と言っているだけではないか。こんなディール、商売上の取引なら成立するだろうが、国際政治関係、とくにすでに起きている戦争状態を停止させるにはあまりに不十分と言わざるをえない。問題はカネではなく、国家の独立と名誉に関わるからだ。

◉——トランプの「独裁者好き」

この種のトランプ氏の「ナイーブさ」「未熟さ」を語らせたら、本章冒頭に発言を引用したボルトン元大統領補佐官ほど適任者はいないだろう。彼のホワイトハウス時代の回顧録(邦訳『ジョン・ボルトン回顧録　トランプ大統領との453日』朝日新聞出版)は、トランプ氏が大統領としていかに不適任であり、それが米国と欧州の関係をいかに傷つけたか、について赤裸々に綴(つづ)っている。

ボルトン元補佐官のトランプ嫌いは筋金入りで、最終的に彼はトランプ氏によってSNS上で「解任」されている。公平に考えれば、ボルトン氏の主張を鵜呑(うの)みにすることは避けるべきだろうが、他の共和党高官が口を閉ざす以上、ボルトン氏の発言も無視はできない。なお、同元補佐官は別途『朝日新聞』(2022年8月24日)のインタビューで次のとおり述べている。

・トランプはプーチン氏のことが好きだった。権威主義的な人物が好きで、個人的な関係

ロシアのプーチン大統領（左）とトランプ米大統領（当時）
（2019年6月28日、大阪府〈G20大阪サミット〉）

を築きたがっていた。

- トランプはウクライナへのロシアの脅威を認識しなかったし、気にもしていなかった。
- トランプはロシアによる2016年大統領選挙介入疑惑を決して認めなかった。大統領選でロシアと共謀していた疑いが強まることを恐れたからだ。

政治家も人間である以上、個人的な好き嫌いという感情から逃れることはできない。だが、それにしても、トランプ氏の「独裁者好き」「自分自身も好き」「欧州同盟国嫌い」「国内の敵対者嫌い」は度を越えていたように思う。なかでも、トランプ氏の外交と国内政治の公私混同が極まった事件が、２０１９年7月の米ウクライナ首脳電話会談である。興味深いことに、トランプ氏はＦＯＸニュースとのインタビューでわざわざこの電話会談に言及し、次のとおり述べている。

「ゼレンスキー氏はとても立派だった。私が以前かけた『完璧な電話』についてゼレンスキー氏が聞かれた際……彼はなんの話なのかすらわからなかった、と答えたからだ」

この発言には注釈が必要だろう。「完璧な電話」とは、２０１９年7月25日にトランプ氏とゼレンスキー氏が交わした電話のこと。当時トランプ氏は巨額の軍事支援と引き換えに、バイデン親子のウクライナ企業をめぐる疑惑の調査を依頼していたらしい。「あの事件で、トランプはゼレンスキーとの関係構築を不可能にした」ともボルトン氏は述べている。

この問題はのちにトランプ氏の弾劾裁判に発展するのだが、当時トランプ氏は、「バイデン氏の次男ハンター氏がウクライナのガス会社で高額の役員報酬を受け取っており、同社はウクライナ検察による捜査を受けていたが、そこに副大統領だったバイデン氏が圧力をかけた」と疑ったようだ。当然、ゼレンスキー大統領はこの調査要求を拒否したという。

◉――ロシアが握るトランプの弱点？

２０１６年末、驚くべき未確認情報が世界を駆け巡った。ロシア情報当局がトランプ次期大統領に関する個人的な性的醜聞情報を入手しており、大統領選中にトランプ陣営はロシア情報機関と意見交換していたというのだ。当時はトランプ氏の大統領当選後初の記者会見が予定されていた微妙な時期。この話には複雑な経緯がある。

この報道の直前、米情報機関トップは、ロシア情報機関がプーチン大統領の指示のもと、トランプ候補を有利にすべく民主党本部をハッキングするなど、米大統領選に介入を試みたと公表した。これに対し、ロシア側の介入を長く否定してきたトランプ氏も最終的にロシア当局の介入を認めた、などと報じられていた。

そのうえでの新たな醜聞情報だったから当然、記者会見ではこの点に質問が集中した。ところが、トランプ氏は終始強気で、米国情報機関によるリークの可能性すら示唆し、これは「ナチスドイツのような不名誉」なやり方だと非難した。でも、それを言うなら、当時大統領選挙中にリークされたヒラリー・クリントン候補のメール内容を執拗（しつよう）に批判したのはいったい誰だったか。

それはともかく、以上のようにトランプ氏は、米国の国益やNATOの結束といった戦略的視点ではなく、プーチン氏、ゼレンスキー氏、バイデン親子などとの個人的好き嫌いの観点からロシア・ウクライナ問題を考えていたようだ。こうした米国大統領に直面して、欧州NATO諸国が、文字どおり、「恐れ慄いた」ことは想像に難くない。

●——トランプの欧州・NATO嫌い

「新モンロー主義者」トランプ氏のNATO嫌いは筋金入り。米国だけが国防費を負担するのは不公平で、同盟国は応分の負担を受け入れるべし、と主張する。トランプ氏はこうした同盟国への不満を繰り返し公言し、米国の態度豹変で右往左往したNATOは漂流を始め、エマニュエル・マクロン仏大統領はこれを「NATOは脳死状態」と形容した。

こうした状況は現在も続いている。2024年1月9日、欧州連合（EU）のティエリー・ブルトン欧州委員（域内市場担当）は、米国のトランプ前大統領が2020年1月の世界経済フォーラム年次総会（ダボス会議）でウルズラ・フォンデアライエン欧州委員長に対し「我々は欧州が攻撃されても決して助けに来ないし、支援もしない」などと発言したと明らかにしたという（共同通信、２０２４年1月11日）。

　また、ブルトン氏は同日ブリュッセルでのパネルディスカッションで、20年のダボス会議の際、トランプ氏は「ＮＡＴＯは死んだ。我々はＮＡＴＯから離脱する」とも述べたことを明らかにした。これが事実であれば、トランプ氏の対欧州観はこの８年間、基本的に変わっていない、と言わざるをえない。

　２０１８年、欧米メディアは当時のトランプ氏の欧州歴訪の模様を次のように報じた（ＢＢＣ、２０１８年7月16日）。
●トランプ氏は「欧州連合は敵だと思う。貿易で我々にやっていることが……。欧州連合のことをそう思わないかもしれないが、あそこは敵だ」と述べた。
●また、トランプ氏は、ＥＵを「とても厄介だ」とし、「貿易について言うと、本当に自分たちをいいように利用している。ＮＡＴＯのいろいろな国は、払うべき費用も払わない。たとえばドイツがそうで、大問題だ」と述べた。
●さらに、トランプ氏は「ドイツがロシアに大金を払っていることについて、大勢がとても怒っている」と発言。さらにドイツは「白旗を振っている」とも述べた。

• ２０１８年7月11日、ブリュッセルでトランプ氏はロシア国営企業ガスプロムとドイツ、フランスなどの企業が出資するパイプライン「ノルド・ストリーム２」に言及し、「ドイツは完全にロシアに制御されている。なぜならエネルギーの60～70％と新しいパイプラインまで、ロシアからもらうことになるからだ」などとドイツを非難している。

こうした動きを踏まえ、筆者は２０１８年当時、トランプ政権時代の対欧州関係について月刊誌『Ｖｏｉｃｅ』（２０１８年9月号）にこう書いている。

七月十～十六日の欧州歴訪で、トランプ氏は再び世界を驚愕させた。ブリュッセルでＮＡＴＯ（北大西洋条約機構）年次首脳会議直前に北大西洋同盟の要であるドイツの首相を辱め、イギリスでは反トランプデモの嵐が吹き荒れるロンドンを意図的に回避し、フィンランドで米露首脳会談で多くの欧州同盟国首脳を当惑させたのは、ほかならぬトランプ氏自身だったのだから。

最大の批判は二〇一六年大統領選挙へのロシア介入という米情報機関の分析・判断をトランプ氏が無視し、公の場でプーチン氏に十分抗議しなかったことだ。今回ほど米国の現職大統領の振る舞いがお粗末に見えたことは記憶にない。もちろん、冷戦時代にはありえなかったことだ。いまや欧米エリート層のやり切れない気持ちが急速に拡大しつつあるらしい。

たしかに、欧州での彼の言動は信じ難いものが多かった。とくに米露首脳会談でのパフォーマンスは異様ですらあった。米国大統領がプーチンの軍門に下ったという意味では歴史的失敗であり、きわめて不名誉で、反逆的行動ですらあった、などと欧米主要メディアは異口同音（いくどうおん）に報じた。日本でも一部識者が無批判のまま、この種の報道に同調している。

当時の米欧関係のギクシャクした雰囲気を少しでも感じ取っていただければ幸いである。ちなみに、当時欧州の友人たちからは「日本の安倍首相はどうやってトランプに同盟の重要性を理解させているのか教えてほしい」などとよく聞かれたものだ。

●米「戦争研究所」が示す最悪のシナリオ

２０２０年にバイデン氏が大統領に当選し、米欧関係は一時の最悪状態を脱し、徐々に改善しつつあるように見える。しかし、いまは大統領でも連邦議会議員でもないトランプ氏だが、そのウクライナ嫌い、NATO嫌いは、現在もウクライナ戦争の戦況に死活的な悪影響を及ぼしていることを忘れてはならない。まずは、事実関係から見ていこう。

米国の首都ワシントンにISW（Institute for the Study of War）というシンクタンクがある。日本では米「戦争研究所」と呼ばれる、世界各地の戦争の分析が専門の研究機関だ。そのISWが2024年4月16日、ウクライナ戦争について気になる分析を公表した。「このままロシアの勝利を許せば、NATO、とくにバルト三国の防衛はほとんど不可能になる」というのだから、恐れ入る。同報告書の要旨は次のとおりだ。

- ウクライナへの追加軍事支援について、「米国の行動がどうであれ膠着状態は続く」と仮定することは誤りであり、現在戦況はロシア軍が優勢となっている。
- ウクライナ側の防空兵器や砲弾の不足により、ロシア軍は初めて、空からウクライナ防衛拠点への攻撃を強め、装甲車両の部隊などを大きな損失なく運用できるようになった。
- ウクライナが敗北すれば、現代戦争の経験が浅いNATO軍兵士は、戦いで鍛えられたロシア軍と対峙することになり、ロシアによるＮＡＴＯ加盟国への攻撃リスクは劇的に高まる。

- ウクライナへの軍事支援の遅れはロシアの勝利につながり、近い将来、ＮＡＴＯ、とくにバルト三国の防衛はほとんど不可能となるだろう。

いまから思えば、きわめて真っ当かつ冷徹な分析なのだが、当時はかなり衝撃的だった。内容的には、２０２３年末あたりから多くの専門家が漠然と恐れていた最悪のシナリオの一つを、無慈悲なほど淡々と分析しているからだ。問題はなぜこのような事態が生起してしまったかだが、以下に述べるとおり、やはり最大の原因はトランプ氏の存在である。

ちなみに、ＩＳＷは２００７年にキンバリー・ケーガン氏が設立した米国のシンクタンクだ。これまでにイラク戦争、シリア内戦、アフガニスタン紛争、ウクライナ戦争、ガザ戦争など、多様な紛争地帯での軍事作戦、敵の脅威、政治動向に焦点を当てた詳細な報告書を公表し、いまも毎日のように作成している。

ワシントンにあるＩＳＷを筆者が初めて訪れたのは２０１４年頃、親しい米議会スタッフに紹介されたのがきっかけだ。当時はイスラム国（ＩＳ）がシリアからイラクに領域を広げていた頃。当時のＩＳＷの日報は、どこから情報を集めてくるのか不思議なほど、詳細かつ豊富な事実関係を丁寧に分析しており、驚愕したことを覚えている。

所長のキンバリー女史は、今回紹介した分析を書いたフレデリック・ケーガン氏の令夫人でもあるが、その経歴は驚くべきもので、イラク戦争の頃からイラク駐留米軍で顧問を務めるなど、中東での戦争分析のプロの一人である。イデオロギー的には一昔前の「ネオコン」系タカ派だが、彼ら彼女らのウクライナ戦争分析日報はいまも日本の多くの軍事評論家が目を通しているはずだ。

そのフレデリック・ケーガン氏が注目するのは、「スバウキ回廊」と呼ばれるバルト三国と他のＮＡＴＯ加盟国との「接点」となるリトアニア・ポーランド国境だ。ここはロシアの飛び地・カリーニングラードやベラルーシとも接する戦略的要衝で、ウクライナが敗北すれば、ロシアのバルト三国付近に配置する部隊による軍事作戦が一層容易になるからだ。

ケーガン氏の主張は、「ウクライナを支援するコストは、ウクライナが敗北した際に欧米が直面する軍事的・経済的コストに比べはるかに少ない」のであり、「ロシアの勝利を阻止するため、２０２３年末から滞っている対ウクライナ軍事援助を早急に再開すべきだ」ということに尽きる。

逆に言えば、このような状況は、戦争長期化で戦時経済への移行を余儀なくされつつあるロシアにとっては朗報以外の何物でもない。プーチン大統領にとっては「ウクライナ支援に後ろ向きのトランプ氏」ほど頼りになる同志はいないからだ。それにしても、対ウクライナ追加予算はなぜかくも遅れたのだろうか。

●――対ウクライナ軍事支援停滞の裏にトランプの影

米国の対ウクライナ支援予算による資金は２０２３年末に払底したと言われる。ロシアの攻勢拡大を懸念するバイデン政権は同年から、ウクライナに対する支援として６１４億ドル（９兆円規模）の追加予算を議会に要求してきた。この追加予算審議を事実上凍結してきたのが、米議会下院で多数派を占める共和党のマイク・ジョンソン下院議長だ。

ジョンソン議長は２０２３年、すったもんだの末に議長に選出されたのちも、その微妙な政治的立場から、つねにトランプ氏への配慮が見え隠れしていた。追加予算審議の先延ばしについて同議長は、建前上は「不法移民対策が最優先」としているが、共和党議員全員が支援に反対しているわけでは決してない。やはり裏にあるのはトランプ氏の意向だったのだろう。

米議会の民主・共和両党は２０２４年度予算の歳出総額に合意したものの、個別項目では審議が紛糾したため、対ウクライナ支援関連予算も後回しにされた。一方、２０２４年２月にはウクライナ側の弾薬不足・防空システムの脆弱性により、ロシア軍の大規模な反転攻撃などで東部の一部拠点からの撤退も続いている。

報道によれば、弾薬の数などの戦力についてウクライナ軍関係者は「ウクライナとロシアの比率は１対６だ。ときには１対10、もっと差が大きい時もある」と述べているそうだ（ＮＨＫ、２０２４年４月24日）。軍事戦術は筆者の専門ではないが、一般に戦場で勝利するには攻撃側は防御側の最低３倍の兵力・火力が必要と言われる。これでウクライナに「頑張れ」というのはあまりに酷な話ではないか。

◉──トランプの「心変わり」

２０２４年４月23日、米連邦議会上院は、ウクライナやイスラエル、台湾への軍事支援を含む総額９５３億４０００万ドル（約14兆７０００億円）規模の予算案を79対18の超党派賛成多数で可決し、翌24日にはバイデン大統領が署名してようやく成立した。下院で一部「トランプ系」共和党議員が強く反発したため、成立が大幅に遅れたのである。

幸い下院の与野党議員は、一部共和党強硬の反発を回避するために協力したようだ。そのため彼らはウクライナだけではなく、イスラエルと台湾への支援もパッケージに入れた。さらには、西側銀行保有のロシア資産差し押さえ、ロシア、イラン、中国に対する新たな制措置、米国での「TikTok」事業売却要求などをちりばめ、なんとか合意に至ったのである。

一方、予算案成立の背景にはトランプ氏の「心変わり」が影響した可能性もある。トランプ氏は4月18日、「ウクライナの存続は米国にとって重要」とSNS上に投稿した。こうした動きの裏には、大統領選の激戦州でウクライナ支援のための武器弾薬が製造されるため、ウクライナ支援に反対し続けることが政治的に不利となる可能性を考慮したためとも言われる。

それでもトランプ氏は投稿のなかで、「なぜ欧州は支援を必要とする国を助けるため、米国から投入された資金に匹敵する額を提供できないのか？」「ウクライナの存続と強さは、我々より欧州にとってはるかに重要であるはずだが、我々にとっても重要だ！」とも述べており、依然として欧州諸国への不信感をにじませている。

この追加支援は、過去半年近く弾薬の不足・防空システムの脆弱性により劣勢だったウクライナ軍にとって、大きな朗報であろう。ゼレンスキー大統領も、「民主主義へ導く光として、自由な世界のリーダーとしてのアメリカの役割を強化するもの」だと評価した。しかし、筆者には一抹の不安が残る。この半年近い「空白期」のロスを挽回することは容易ではない。

ちなみに、この追加支援はインド太平洋地域にも大きな影響を与えた。中国政府報道官は米国による対台湾軍事支援を「一つの中国の原則に対する重大な違反」であり、台湾の「独立を支持する分離主義勢力に誤ったシグナルを送る」ことになるとコメントした。

●──「トランプ現象」はグローバル化の反動

米欧関係・NATO問題の混乱はトランプ再選で再び拡大する恐れがある。しかし、こうした混乱の原因をトランプ氏個人の資質の問題に帰するのは的外れだ。米国や欧州各国政府だけの問題ではないし、世界経済・貿易やNATOの国防費負担だけの問題でもない。我々日本人は、以下のとおり、より戦略的見地からこの問題の本質を見極める必要がある。

先に紹介した『Voice』（2018年9月号）巻頭言で筆者はこう書いた。いまもこの思いは変わらない。

①混乱はトランプ個人の問題か

2016年の大統領選挙戦前から、トランプ氏の直情的性格は誇大性・賛美を求める欲求・特権意識が強く、自己を最重視し、業績を誇張し、不相応の賞賛を求める、米精神医学用語でいう「NPD（自己愛性パーソナリティ障害）」が原因だと一部で指摘されていた。しかし、これだけでトランプ氏の現在の言動を説明することはできない。

②米国だけの問題なのか

トランプ氏のような人種差別的、排外主義的、内向的な自国第一主義は米国だけの専売特許ではない。現在、欧州、中東、アジアでも同様の傾向が拡大している。しかも、こうした米国外での現象は、もちろんトランプ氏が起こしたものではない。「トランプ現象」はこうした世界規模で起きつつある政治現象の一側面にすぎない、と見るべきである。

③トランプは原因ではなく結果にすぎないのではないか

されば、現在の世界の混乱もトランプ氏が始めたものではない。むしろトランプ氏は現在、世界的規模で起きつつある人種差別的、排外主義的、内向的な自国第一主義の台頭という混乱のなかで、彼の支持者が米国の国益と考える行動を実行しているにすぎないのかもしれない。現状は、トランプ氏の個人的資質の有無とは無関係に悪化しうるのだ。

④世界の混乱と変化の本質的原因は何か

京都大学の柴山桂太准教授は、人間社会では自由化・グローバル化の波とこれによる不利益を意識する波が過去に何度も起きており、現状は、主権国家がグローバル化の弊害から国民を守るべく本来あるべき姿に戻りつつある流れの一部だと喝破する。至言だ。トランプ氏などのポピュリズムはグローバル化弊害の民主制下での是正現象なのかもしれない。

⑤日本は何をすべきか

トランプ氏の米国はもはや、現状維持勢力ではない。現状破壊勢力とはいわないが、これまで欧米エリート層が育んできた「自由で開かれた国際・国内秩序」を忌み嫌うことは間違いない。ある意味で「トランプ現象」は、世界的規模で進行しつつある行きすぎたグローバル化の反動現象の一部であり、部分的には中露の発想にも通ずる危険を内包している。

◉――ロシアとの「第二冷戦」に敗北しかねない

２０２４年2月10日、トランプ氏は大統領選遊説中にサウスカロライナ州で、トランプ氏自身が大統領在任中にＮＡＴＯのある加盟国に対し、軍事費を適切に負担しなければロシアが攻撃してきても米国は支援せず、むしろ「好きに振る舞うようロシアをけしかけてやる」と伝えた、と述べたそうだ（共同通信、２０２４年2月11日）。

この発言にはＮＡＴＯ加盟国が反発し、バイデン政権も「低劣で正気と思えない」と非難したそうだが、そのとおりだと思う。問題は、これまで見てきたとおり、トランプ氏の対欧州不信だ。こうした「新モンロー主義」的ＮＡＴＯ不信は、素人の思いつきでも、咄嗟に出た戯言（たわごと）でもなく、トランプ氏の個性と彼を取り巻く政治・経済環境に基づく、根源的なものである。

仮に、トランプ氏が２０２４年の大統領選で再選され、再び米国の対欧州ＮＡＴＯ外交を担い始めれば、米欧関係がまたもやギクシャクすることはおそらく不可避である。第一期トランプ政権の際は、英国のボリス・ジョンソン首相ぐらいしか盟友はいなかったが、２０２

5年にはハンガリーのオルバーン・ヴィクトル首相をはじめ、多くの極右ポピュリスト政治家が各国で勢力を拡大しているので要注意だ。

最も気になるのは、トランプ氏の対露宥和政策である。万が一、第二期トランプ政権が「24時間でウクライナ戦争を終結させる」努力を始めれば、NATO同盟は少なくとも弱体化し、分裂に向かう可能性すらあるだろう。そうなれば、最悪の場合、欧州地域は「米ソ冷戦」以前の状態に戻ってしまう。

このままでは、「米ソ」ならぬ「米露」による欧州「第二冷戦」は西側の敗北となるかもしれない。同時に、中東方面やインド太平洋方面でも、同様の米国を中心とした「同盟弱体化」現象が拡大するので、世界は急速に1930年代に回帰していく恐れすらある。こうした問題意識を踏まえ、次章では中東地域と「もしトラ」の関係を分析しよう。

第5章 第二期トランプ政権でますます混乱する中東

「就任から3年が経とうとしているが、トランプ大統領はイランに対抗し、中東和平を推進するための努力の成果を何も示していない。それどころか、彼の政策はイランとイスラエルの対立を煽り、パレスチナ人を疎外し、終わりの見えない戦争とイエメンの人道危機を支援し、湾岸協力理事会をおそらくは永久に分裂させてしまった」

（マーティン・インディク元駐イスラエル米大使・元中東担当国務次官補、『フォーリン・アフェアーズ』誌、2019年11月・12月号）

●──トランプは本当に親イスラエルか？

ドナルド・トランプというあらゆる意味で稀有（けう）な人物が大統領に就任して以来、米国の中東政策は大きく変質した、とする見方はいまも根強い。その典型例が冒頭で紹介したインディク元大使の批判である。筆者は在米日本大使館で中東担当官だった1992年当時、クリントン政権でNSC（国家安全保障会議）の中東担当特別補佐官だった同大使と親しくなった。

当時クリントン政権はインディク補佐官のもと、中東和平プロセスを進めイスラエル・パレスチナ共存を模索する一方、サッダーム・フセイン率いるイラクと、イスラム共和制下のイランを同時に牽制する「二重封じ込め」政策を模索していた。当時は日本も和平プロセスの多国間トラックに積極的に参加し、１９９３年には「オスロ合意」が署名された古き良き時代である。

これに比べれば、トランプ氏の中東政策は場当たり的姿勢が目立つ。典型例は、化学兵器を使用したシリアに対するミサイル攻撃、在イスラエル米大使館のエルサレムへの移転、イラン核合意からの撤退などだが、稚拙な対応は枚挙に暇がない。米国の中東専門家スティーブン・クック氏は「トランプ大統領は、ほんの一握りの成功を収めたが、戦略らしきものはなかった」と酷評する（『フォーリン・ポリシー』２０２０年10月28日）。

同専門家によれば、トランプ外交は「レイジースーザン（中華テーブルの回転盆）」の如きもので、「思い切り回して、たまたま目の前に止まった料理をスプーンですくって皿に載せ、またハンドルを回して次の料理に移る。これが大統領の外交政策への取り組み方だ」などと手厳しい。

だが、トランプ中東外交の評価は決してそれだけではない。まずは厳しい評価から見ていこう。たしかに、２０１６年大統領選挙戦以来、中東をめぐるトランプ氏の言動はつねに内外メディアの批判対象となってきた。たとえば、以下のとおりである。

・衝動的に政策を決定する？

既述のとおり、トランプ氏は「自己愛性パーソナリティ障害（ＮＰＤ）」との指摘がある。だが、在イスラエル米国大使館のエルサレムへの移転やイラン核合意離脱は大統領選挙戦中の公約であり、決してすべての政策が衝動的に実行されたわけではない。

・安全保障上の国益に関心がない？

たしかに大統領就任初日にＴＰＰからの離脱を表明するなど、トランプ氏が伝統的な外交的利益に無頓着らしきことは容易に想像できる。しかし、その後の対イラク、アフガニスタン政策を見れば、逆に米軍部隊が中東での軍事的関与を深めている例もある。トランプ氏の発想は政敵やメディアが言うほど単純ではない。

・アメリカ第一で、孤立主義的である？

中東でのトランプ氏の最初の試練は２０１７年のシリアによる化学兵器使用への対応だった。当時ホワイトハウスにいたバノン首席戦略官が軍事介入に強く反対したにもかかわらず、トランプ氏が巡航ミサイル攻撃を決断した裏には愛娘イヴァンカの強い進言があったと言われる。少なくともトランプ家の一部に現実的国際主義者がいたことは事実だ。

・人種差別的、反イスラム的である？

たしかにトランプ氏はアラブ・イスラムに対する差別的言動が目立つ。だが、それだけでは、新任大統領として重要な初の外遊先を中東とし、サウジアラビアでアラブ・イスラム諸国首脳と一堂に会し交流を深めたことを十分には説明できない。トランプ氏の中東外交は意外に現実主義的でもあったのだ。

・ユダヤ・イスラエル寄りである？

娘婿のクシュナー氏はユダヤ教徒であり、イヴァンカ夫人も同教に改宗している。トランプ氏は歴代大統領のなかで最も「親イスラエル」であることは間違いなかろう。他方、一部のユダヤ系米国人はトランプ氏が「反ユダヤ主義者」だと徹底的に批判する。どちらが本当のトランプ氏なのか。もしかしたら、彼は「どちらでもない」のかもしれない。

こうなると、トランプ氏の政策判断は意外に複雑であり、たんなるＮＰＤ的「思いつき」や人種的宗教的偏見に塗(まみ)れた「アメリカ第一主義者」と決めつけることはいかがなものか。ここからは、トランプ氏の中東政策が、オバマ政権の中東政策を一部引き継いだ、戦略的なものだった可能性をグローバル、中東地域、米国内政の三つの視点から分析してみたい。

◉――グローバルの視点：いまだに米国の影響力は圧倒的

地球規模の国際政治ではいまも米国が最も強い影響力を持っており、これに対抗できるのはロシアと中国ぐらいだろう。他方、中国については、最近中東での関与を強めているとはいえ、中東政治を左右できるほどの影響力は持ち合わせていない。

中東地域で米国に対抗できるのはロシアだけだ。オバマ政権時代には米国がシリアへの軍事介入を躊躇（ちゅうちょ）したこともあり、ロシアは同国での軍事プレゼンスを大幅に格上げし、アサド政権を物理的に擁護・支援するようになった。

しかし、ウクライナ戦争が3年目に入ったいま、ロシアが中東で戦略的に動ける余地は少なくなっている。ロシア、とくにプーチン大統領の戦略的目標はあくまで欧州NATO方面、2014年のクリミア併合以来の「クリミア戦争」にとりあえず勝利することだろう。

ロシアの対シリア軍事介入の目的はアサド政権の維持だけではない。シリアにおいて一定の政治的軍事的影響力を確保することで、当初は米国に対露経済制裁の解除を促し、最近ではNATO方面で米国を中心とする西側を牽制したいのだろう。

逆に言えば、長年にわたるアフガニスタン、イラク等での軍事介入と2021年8月のアフガニスタンからの米軍撤退で衰えたとはいえ、中東における米国の影響力はいまも圧倒的だ。トランプ政権の中東政策もこうした現実を反映している。

◉――中東地域の視点・成功例

トランプ政権の中東政策がすべて間違っているわけではない。なかには一定の成果を上げたもの、米国や同盟国の国益を守った例も決して少なくないからだ。たとえば、あまり評価されていないが、こんな成果も上がっている。

•イスラム国（IS）掃討作戦の進展

2014年夏、イラクやシリアでのIS勢力の台頭は文字どおり「怒濤」の勢いだった。モースルを守っていたイラク正規軍は敗走し、ISは戦うことなく米国製最新武器・車両を手に入れた。トランプ政権下でも続いた米軍特殊部隊による支援がなければ、イラク・シリアでのIS掃討作戦は成功しなかっただろう。

・シリア化学兵器使用への対応

オバマ政権時代、米国はシリアの化学兵器使用について「レッドライン」に言及しながらも、最後は軍事介入を躊躇した。この反省から2017年にシリアが再び化学兵器を使用した際、米国は限定的ながら「正しい」武力行使を行なった。トランプ政権にしては上出来である。

・アラブ・イスラム諸国との関係改善

オバマ政権は対イスラエル関係を見直す一方、とくにイランとの関係改善を重視した。トランプ政権もアラブ・イスラムを重視はしたが、イスラエルとイランについてはオバマ政権の政策をことごとく逆転させた。トランプ氏はイランに厳しく対応する一方、イスラエルとスンニ派アラブ諸国との関係改善にも尽力したのである。

◉——中東地域の視点・失敗例

一方、トランプ政権が中東の友好国・同盟国の期待や米国の国益を裏切った事例も少なくない。たとえば以下のとおりだ。

●戦略なき静かな介入の増加

トランプ氏は大統領選挙戦中から海外に展開する米軍部隊の撤退を主張してきたが、現実には過去1年間にアフガニスタン、イラク、シリア、イエメンなどで派遣米軍部隊の増援を静かに進めていた。この事実をバノン元首席戦略官など「アメリカ第一」主義の提唱者が知ったら、おそらく激怒したことだろう。

●イスラムとの関係悪化

就任後初の外遊先を中東地域としたにもかかわらず、米国とイスラム諸国との関係はむしろ悪化していった。最大の理由は、大統領就任直後に大統領令を発出し、イスラム諸国からの米国入国を厳しく制限したからだ。しかし、この程度ならまだ良かった。トランプ政権の中東政策には、さらに次のような大きな欠陥があった。

●米国のリーダーシップの低下

イスラエルという例外を除けば、中東地域でトランプ政権下の米国の指導力を高く評価していた同盟国・友好国は少ない。トランプ時代の米国の政策立案・実施方法は、連日流されたＳＮＳ投稿などを通じて、朝令暮改が日常化し、同盟国・友好国の指導者たちを何度も振り回し続けたからだ。

・米国への信頼の喪失

突然の方針変更や言行不一致による混乱が続けば、米国政府が約束する政策に対する同盟国・友好国の信頼も低下していく。その典型が２０１８年５月のエルサレムへの米大使館移転強行問題や２０２１年８月末のアフガニスタンからの米軍撤退なのだが、これについてはのちほど詳しく述べる。

・人権問題への無関心

これまで米国の歴代政権は、程度の差はあるにしても、自由、民主、人権といった普遍的価値の重要性を必ず対外的に表明していた。ところが、トランプ政権のもとでは人権問題が取り上げられることはほとんどなかった。その代わりと言っては身も蓋もないが、たとえば国内批判分子に対する弾圧などの「人権問題」が取り沙汰されるサウジアラビアとトランプ政権の関係はすこぶる良好だった。

・国務省の混乱

トランプ政権の中東政策がうまく機能しなかった理由の一つが国務省の機能不全だ。とくに酷かったのは政権発足当初のティラソン国務長官の時代である。トランプ氏が忌み嫌う国務省の予算、とりわけ対外経済援助予算が大幅に削減されたため、米国の対中東政策は影響力を低下させていった。

しかし、よく考えてみれば、最後に挙げた四つの問題点は中東地域だけでなく、米対外政策全般について等しく言えること。逆に言えば、トランプ政権下で米外交はあらゆる方面でその政策立案・実施のための能力と影響力を相当程度失ってしまったのである。

●米国内政の視点：キリスト教福音派への配慮

最後に指摘したいのが、トランプ政権の内政を極端に重視する姿勢だ。一部には、トランプ政権はユダヤ系米国人諸団体の得票・資金能力に依存していると言われるが、これは必ずしも正確ではない。トランプ政権を支えているのは、全米でせいぜい６００万人程度のユダヤ系票ではなく、むしろ全国に数千万人いるとされるキリスト教福音派（エヴァンジェリカル）系の組織票だと言われる。後述するとおり、米国大使館のエルサレムへの移転はこうした福音派へのサービスであったと見るべきだろう。

●——ガザ危機の遠因は米軍のアフガン撤退

最近、各方面から米国の「中東離れ」について質問を受ける。米国は２００１年からの中東でのテロとの戦いに「疲れ」てしまったのか、と。筆者は「インド太平洋では中国が台頭し始めた。されば、20年以上戦っても勝てる見込みのない中東の国々から米国が戦闘部隊を撤退させるのは当然である」と答える。その典型例がアフガニスタンからの米軍撤退だ。

これで中東諸国の指導者は米国の中東地域への関心低下を本能的に感じ取った。各国は外交政策のリアラインメント（再検討）と、立場のリポジショニング（再調整）を個別に始めた。米軍のアフガニスタン撤退により生じた中東地域における「力の空白」（と彼らが感じた状況）に対し、それぞれ過剰反応し始めたのだ。

その典型例が、２０２０年のアブラハム合意による一部アラブ諸国とイスラエルとの関係改善であり、サウジアラビアのイランおよびシリアとの関係改善、イエメン戦争の終結など一連の動きである。さらに２０２３年には、水面下での米国の仲介もあり、サウジアラビアとイスラエルが歴史的な関係改善の可能性すら模索し始めた。

こうした一連の流れはハマースとそれを支援するイランにとって悪夢でしかなかった。イスラエルとアラブ諸国との関係正常化がますます進めば、ガザを含むパレスチナ問題は一層矮小化されるからだ。この意味で2023年10月7日以降の「ガザ危機」とは、2021年8月の「カブール陥落」と「米軍撤退」がもたらした不幸な「結果」の一つなのだ。

では、この責任をいったい誰が負うべきか。直接の責任は米軍の「アフガニスタン撤退」を稚拙に実施したバイデン政権だろう。しかし、こうした駐留米軍の完全撤収を含む「和平合意」をアフガニスタンのタリバンと締結したのは2020年2月、当時の大統領はアメリカ第一主義を声高に唱えていたトランプ氏だった。このことを決して忘れてはならない。

当時から国防総省は「完全撤退」に強く反対し、トランプ政権時代に具体的な撤退計画は策定されなかった。後任のバイデン大統領があらためて撤退方針を表明したのは2021年4月。だが、実際に撤退を始めたのは、カブール陥落の悲劇を経た、4カ月後の同年8月末だ。バイデン政権も稚拙だが、事後の具体的なプランも立てないまま米軍撤退を決めたトランプ政権のほうがより罪深いと思う。

◉——トランプ政権の中東政策を仕切ったクシュナー

では、トランプ政権の中東政策を仕切ったのはいったい誰だったのか。この点については興味深いネタ本がある。『ワシントン・ポスト』紙の伝説的名物記者ボブ・ウッドワードが2018年に発表した暴露本*FEAR*（邦訳『FEAR：恐怖の男　トランプ政権の真実』日本経済新聞出版社）はトランプ対中東政策の形成過程についても赤裸々に記している。事実は小説より奇なりとはまさにこのことだ。同書の注目点は次のとおりである。

- トランプ氏の愛娘イヴァンカの夫ジャレッド・クシュナー氏は、トランプ政権の外交安全保障チームの陣容が猫の目のように変わるなかで、一貫して同政権の中東政策を仕切っていた可能性が高い。
- 正統派ユダヤ教のクシュナー家はイスラエルのネタニヤフ首相と家族ぐるみの友人であり、ジャレッドは、早い段階から当時サウジアラビアの副皇太子だったムハンマド・ビン・サルマン（MbS）とも直接連絡を取っていた。

イスラエル軍の空爆を受けて瓦礫の山と化したガザ地区
（2023年10月９日、パレスチナ）

- ジャレッドは当初から「最大の懸念はイランの影響力拡大であり、米国が中東で関与を続けるためにはサウジとイスラエルを支援する必要がある」と主張していた。
- 当時のティラソン国務長官やマティス国防長官らが疑問を呈するなか、大統領の娘婿ジャレッドは政権内で新大統領の初外遊先をサウジアラビアとすべく暗躍した。これを聞いたマクマスター国家安全保障担当大統領補佐官は「いったい誰の仕業（しわざ）だ」と激怒したそうだ。
- クシュナー夫妻を最も目の敵（かたき）にしたのはバノン首席戦略官だった。クシュナー氏はバノン氏らに不利な情報をメディアに流す常習犯だったし、イヴァンカ氏はホワイトハウスでの彼女の振る舞いに苦言を呈したバノン氏に、「私は『スタッフ』などではなく『大統領令嬢（First Daughter）』よ」と言い放った。

- 米国の国際的関与は最小限で良いと考えるバノン氏は、米国の最大の脅威は中東ではなく、中国だと考えていた。バノン氏はマティス国防長官に対し「君たちは中東ばかり見ていて、太平洋や中国のことを考えたことがない」と毒突いた。同様の理由から、バノン氏は化学兵器を使用したシリアに対する空爆にも反対していた。
- トランプ政権発足当初の中東政策に関し、政権内でもう一人、重要な役割を果たしたのはマティス国防長官である。中東での戦闘経験の長い同長官は中国よりもイランに強い懸念を有していた。
- 同長官は、シリアのアサド大統領暗殺を求めた大統領指示などの無理難題を見事に黙殺しつつ、大統領には強く反対の意見もせず、忍耐強く、米国にとって最善の中東政策を実施すべく大統領に必要な「安心と保証」を与えることのできる数少ない閣僚の一人だった。

このマティス長官も、2018年末に辞表を提出した。同年12月19日にトランプ氏が「イスラム国」との戦争に勝利したとしてシリアからの米軍撤退を表明したことにマティス長官が強く反発し、翻意を促したもののトランプ氏が聞き入れなかったためだ。マティス長官が残っていれば、アフガニスタンからの米軍撤退もなかっただろう。個人的にはとても残念だ。

それにしても、あまりに生々しい内容ではないか。これほど機微な話が洪水のように漏れてくるホワイトハウスなんて、これまで聞いたことがない。発足当初のトランプ政権の外交・安全保障チームが「いかに一体性を欠き、各人が勝手なことをやっていたか」、じつによくわかるエピソードである。やはりトランプ政権の「透明性」は史上最も高いのだ。

それはさておき、ここではバノン首席戦略官にも一言言及したい。ジャヴァンカ（ジャレッドとイヴァンカ夫妻）と対立したバノン氏の思想の根源は「脱構築＝deconstruction」だと言われている。バノン氏は、

①第二次世界大戦後に政治エリートがつくった政治経済的コンセンサスは崩壊しつつあり、

②これら旧体制に代わり、米国一般国民に権力を与える新システムを構築すべきであり、

③それには既存の税制・規則・貿易協定からなる「行政国家」の「脱構築（破壊と生成）」が不可欠だと考えている。

バノン氏は、トランプ政権がこの経済ナショナリズムに基づき、既存エリートが支配する第二次世界大戦後の国内・国際システムを脱構築し、メディアを含む既存のエスタブリッシュメントから一般国民に権力を取り戻すための戦いを永遠に続けるべきだと言い続けた。だからこそバノン氏は更迭（こうてつ）された。バノン氏は組織の人間ではない、根っからの「革命家」なのだ。

◉――キリスト教福音派へのサービス

トランプ氏が「親イスラエル」であることを象徴する事件が、大統領に就任した年の末に起きた。トランプ氏は２０１７年12月６日、イスラエル建国以来の米国の伝統的政策を転換し、エルサレムをイスラエルの首都として認識・承認したのだ。同時に米国大使館をテルアビブからエルサレムに移転する計画も命じている。これにはさすがに筆者も驚愕した。

たしかに米議会は１９９５年に大使館の移転を決議している。１９９２年のビル・クリントン氏、2000年のジョージ・W・ブッシュ氏、2008年のバラク・オバマ氏など、歴代民主・共和両党大統領候補は、エルサレムをイスラエルの首都と呼んできた。2016年にトランプ候補が「エルサレムへの米国大使館移転」を公約に掲げたこと自体は、決して驚きではない。

問題は、トランプ氏が本当に「大使館移転」を実行してしまったことだ。トランプ氏以前の大統領は、大統領選の「公約は公約」と割り切りつつ、実際には移転など考えもしなかった。当然だろう、この問題の本質は米議会の決議や選挙公約ではなく、「エルサレムの最終的地位」という中東和平交渉の本質に関わる最も機微な問題の一つだからだ。

そんな機微な問題を、トランプ政権はいとも簡単に決めてしまった。米国内政上の有力な「キリスト教福音派」勢力へのサービスのつもりかもしれないが、この決断は最悪だ。これにより、米国はパレスチナ問題における「善意で中立的な第三者・仲介者」としての地位を完全に失ってしまったからだ。

1991年からワシントンやオスロを中心に中東和平交渉の二国間トラック・多国間トラックが精力的に進められていたことをトランプ政権関係者が知らないはずはない。ここで米国が仲介役を果たせなくなったら、いったい誰がその役割を果たすのか。誰がイスラエルに正しい政策を採るよう説得するのか。大使館移転はトランプ中東政策の最大の汚点である。

●——ハマースの背後にいるイランの思惑

本章冒頭のインディク元大使の批判にもあるとおり、現在の米国とイランの深刻な対立を助長した責任の大半はトランプ政権にある。トランプ政権による２０１８年５月の「イラン核合意からの離脱」表明は、曲がりなりにも動き始めたイラン核開発を抑止するための国際的枠組みを事実上破壊してしまったからだ。

しかし筆者は、このイラン核合意の内容自体にじつは反対だった。理由は最終的にイランの核開発を断念させることができなかったからだが、それを説明するためにも、まずは同合意の内容をおさらいしてみよう。

①イランの核開発活動を最長25年間制約し、当初10年間はとくに厳しい制限を課す。
②米国・ＥＵ・国際原子力機関がイランの義務順守を確認することを条件に制裁を緩和。
③イランは遠心分離機を６１０４基に削減、稼働数も当初10年間は約５０００基に制限。

④イランは濃縮度３・67％以上のウランを15年間製造しない。

でも、これではイランの核開発自体を阻止することはできない。だから、トランプ氏が同合意からの離脱を決めたこともまったく理解できないわけではない。しかし、外交には法的安定性も重要だ。将来イラン国内の反米最強硬派の声がいま以上に強くなれば、イランの核開発が秘密裏に再開される可能性すらあるだろう。

この核問題に加えて、中東では新たなというか、古くて新しい「パレスチナ問題」が表舞台に戻ってきた。２０２３年10月７日のイスラム組織ハマースによるイスラエル奇襲作戦がイランの差し金だとは思わない。だが、結果的にこの戦争が、トランプ政権が始めた米国による中東勢力地図の描き直しの動きに対するイラン側の否定的反応を象徴することだけは間違いなかろう。

●――中東大戦争に発展する恐れ

いまの世界では、欧州・アフリカ、中東・中央アジア、インド・太平洋という、従来は相互に半ば独立していた三つの戦域が一つに融合しつつある。これが筆者の見立てだ。中国、ロシア、イランの三国はいまや連動していると考えるべきであり、これら現状変更勢力の抑止は三戦域で、同時に、かつ連携して行なわなければならない。

日米のような現状維持勢力は、これら現状に挑戦する勢力をいかに抑止すべきかを、より広範な地球的規模で考える必要がある。欧州、中東、インド太平洋のどれか一つの戦域で抑止が破れても、それは直ちに他の戦域での抑止にマイナスの影響を及ぼすからだ。その点、昨今、日米両国がようやくグローバルな視点から動き始めたことは喜ばしい。

いま我々がインド太平洋地域で中国と北朝鮮を確実に抑止するためには、欧州でロシアを抑止できる強力なＮＡＴＯが、また中東ではイランを抑止するための同地域の安定が、それぞれ不可欠となる。バイデン政権は曲がりなりにもこうした努力を続けてきたが、第二期トランプ政権にこうした努力を継続する知恵者がいるかどうかは未知数だ。

中東地域は米国・イラン間の代理戦争の様相を呈して久しい。現状、イスラエルとイランは限定的直接戦闘にとどまっているが、これが米・イラン直接戦争に発展した場合には、ガザという地域的紛争が、中東湾岸地域を巻き込む大戦争にエスカレートする恐れが出てくる。そうなれば、日本へのエネルギー供給が断絶するリスクは俄然高まるだろう。

影響はそれだけではない。中東地域を抑止するのに中東地域を担当する米海軍の第五艦隊だけでは不十分となれば、インド洋全体も所掌する米国インド太平洋軍の第七艦隊の一部を中東に投入せざるをえなくなる。だが、現在の米国には二正面・三正面作戦を遂行する能力はないので、最悪の場合、対中、対北朝鮮抑止力が低下する可能性すらあるのだ。

しかも、インド太平洋では、中国と北朝鮮が連動する可能性もある。仮に台湾有事と朝鮮半島有事が連動すれば、最悪の場合、多方面で「力の空白」が生まれ、その空白を埋めにくる勢力が現れることは間違いない。これは日本の安全保障上の大きな脅威となる。こうした問題意識を第二期トランプ政権は関係同盟国と共有するだろうか。不安は尽きない。

●──終わらないガザ危機、イラン核武装のシナリオ

２０２４年5月20日、トランプ政権時代に国家安全保障担当大統領補佐官を務めたロバート・オブライエン氏、ジョン・ラコルタ元駐アラブ首長国連邦（ＵＡＥ）大使、エド・マクマレン元駐スイス大使らトランプ氏の側近がイスラエルを訪問し、ネタニヤフ首相と会談したと報じられた（ロイター、２０２４年5月21日）。

今回の訪問の目的の一つはイスラエルの複雑な国内政治状況を理解することだと言うが、オブライエン氏はトランプ氏に近いものの、2024年の大統領選出馬を模索したこともある野心家であり、一種のスタンドプレーである可能性は否定できない。

いずれにせよ、こうした報道が出ること自体、パレスチナ問題が大統領選挙にとって無視できない要素であることを示している。また、ガザ戦争は当分終わりそうもないし、ハマースに虚を衝かれたネタニヤフ首相はハマース「殲滅」まで戦いを止められない。ガザ住民もハマースを拒否する力はなく、古くて新しい「二国論」による解決も難しいだろう。

こうした状況で、もしトランプ氏が再選したら、米国の対中東政策はどうなるだろうか。以下は筆者の現時点での見立てである。

・米外交の中東に対する関心と軍事的関与は一層低下

第二期トランプ政権の誕生で、ホワイトハウスの関心は内政にシフトし、突発的事態が生じない限り、外交の比重は低下していくだろう。

・トランプ中東外交の迷走で、米国との関係悪化を免れたネタニヤフは政治的に復権

2020年11月に勝利したバイデン候補に祝電を送り不興を買ったネタニヤフ首相とトラ

ンプ氏との関係は引き続き微妙だろうが、トランプ氏再選で米イスラエル関係は改善に向かい、一息ついたネタニヤフ首相が政治的生き残りに成功する可能性はある。

・ガザ情勢の如何(いかん)にかかわらず、サウジアラビアとイスラエルの関係正常化が進行

ハマースのイスラエル攻撃直前まで水面下で進んでいたサウジアラビアとイスラエルの関係正常化交渉は、トランプ氏の再選以降、米国の仲介で再活性化される。

・米国の対イラン・ハマース政策は一層強硬化

逆に、第二期トランプ政権はイランに対する制裁や圧力を一層強化すると思われるので、米イラン関係は当分ギクシャクし続ける。

・イランはついに核武装を決意し、地域は一層不安定化

イラン国内では、こうした米国の強硬措置に対する反発が高まり、従来の政策を変更し、保守強硬派主導でついに核兵器製造に向かう流れが加速する恐れすらある。

筆者がこう憂慮する理由は、保守強硬派で次期最高指導者の最有力候補といわれたエブラヒム・ライシ大統領が２０２４年5月19日にヘリコプター事故で死亡したことにより、今後イランの国内政治が流動化する可能性があると思うからだ。

従来イランの保守派は、強硬派であっても、米国との関係が決定的に悪化する「核兵器保有」には慎重だった。この立場は、7月5日に行なわれたイラン大統領選挙の決選投票で「改革派」のマスード・ペゼシュキアン氏が当選したことで、当面は維持されるだろう。しかし、トランプ政権のもとで米国の対イラン政策が今後さらに厳しくなれば、イランの対米姿勢も一層強硬なものとなる可能性があり、高齢のハメネイ最高指導者の後継となる新たな最高指導者が従来の政策を変更する可能性も排除できないのである。

第6章 米中貿易戦争パート2がやってくる

「私はタリフ（関税）マンだ。我が国の巨万の富を略奪しようとする人びとや国々には、その特権の代償を払ってほしい。それが、我が米国の経済力を最大限引き出す最善の方法なのだ。私たちはいま、何十億ドルもの関税を受け取っている。アメリカを再び豊かにする！」

（ドナルド・トランプ、ツイート、2018年12月5日）

「私は史上どの政権よりも共産中国と対峙し、数千億ドルものカネを米国の国庫に注ぎ込んだが、他の大統領は文字どおり10セントすら中国から得られなかった」「誰もやろうとさえしなかったことだ、数千億ドルは我々がもぎ取ったのだ」

（ドナルド・トランプ、ニューハンプシャー州予備選での発言、2024年1月23日）

●――米中貿易戦争パート1を振り返る

トランプ政権の対中観は「ユニーク」としか言いようがない。21世紀に入り、共産中国の台頭に直面した米国の歴代政権は、程度の差はあれ、国家安全保障の見地から中国の潜在的脅威の拡大を認識しつつも、米中間の経済的相互依存という現実に直面し、安全保障と経済貿易の適正なバランスを維持することに腐心してきたと言えよう。

ところが、トランプ政権は国家安全保障よりも経済貿易政策を通じた中国との対峙を重視する傾向があった。その結果、トランプ氏が取った手段は「米中貿易戦争」による対中牽制策だった。中国の対米輸出拡大で米国製造業は疲弊したので、中国製品に前例なき高関税を課すことで中国に圧力をかけ、米労働者を守るという「一石二鳥」を狙ったのだろう。

トランプ政権の対中政策の本質を正確に理解するためにも、まずは米中貿易戦争の経緯を、次ページの図表に示した事実関係に即して振り返ってみよう。なお、米中間の交渉はじつに複雑な経緯を辿(たど)ったが、本稿では説明をわかりやすくするため、細かな点はある程度単純化してまとめている。その点はご理解いただきたい。

振り返ってみると、当時米中貿易戦争を「仕掛けた」のはトランプ政権、撃った「弾」が追加制裁関税だったことは明らかだ。米中間では２０１８年7月から「目には目を」の厳しい報復措置の応酬が始まった。翌年5月に交渉は一時まとまる直前まで進展したが、結局は、実質よりも体面を重んじるというじつに「中国らしい」理由で決裂し、最終的合意は２０２０年にずれ込んでしまった。

同年1月15日に米国大統領と中国副首相が同協定に署名、中国側が今後2年間で米国製

第一期トランプ政権の米中貿易の経緯

2018年7月	米、産業機械など340億ドル相当の中国製品に25%制裁関税（第１弾） 中、大豆など340億ドル相当の米国産品に25%の制裁関税（第１弾）
同年8月	米、半導体など160億ドル相当分を追加（第２弾） 中、古紙など160億ドル相当分を追加（第２弾）
同年9月	米、家電など2,000億ドル相当分に10%制裁関税（第３弾） 中、LNGなど600億ドル相当分に5-10%制裁関税（第３弾）
2019年5月	米中通商協議決裂、中国は９割完成済の合意文書案の全７章を大幅修正 米、2,000億ドル規模の追加関税を10%から25%に引き上げ
同年8月	トランプ政権、交渉停滞を理由に、対中制裁関税第４弾発動を表明 その後、クリスマス商戦を考慮し、第４弾の一部製品への発動を先送り
同年9月	米、家電衣料等1,310億ドル相当分に15%制裁関税（第４弾） 中、農産物・原油など総額750億ドル相当分に5-10%制裁関税（第４弾） 米国からの輸入品ほぼすべてを対象に 米、第４弾の制裁関税に5%を上乗せ
同年10月	米、第１弾から第3弾までの制裁関税も25%から30%に引き上げ
同年12月	米、先送りしたスマホ等1,650億ドル相当分に15%制裁関税（第４弾） 中国からの輸入品ほぼすべてを対象に
2020年1月	米中両国は１月15日、第一段階の米中経済・貿易協定に署名

米国と中国の追加関税

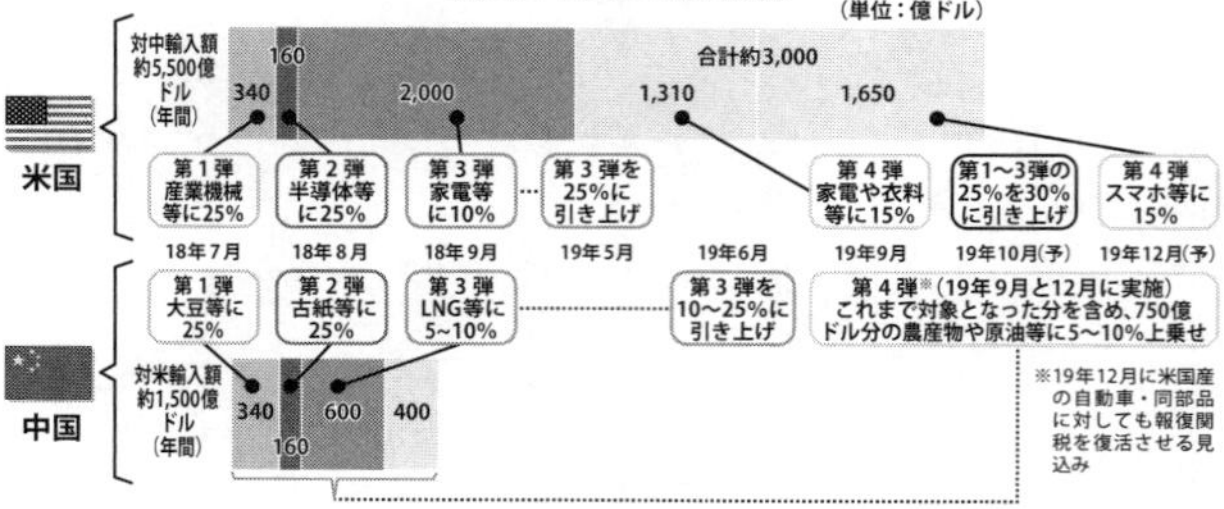

出所：日興アセットマネジメント「米中貿易摩擦のこれまでの経緯」(2019年９月4日)等を参考に作成

品・サービスの輸入を2017年比で2000億ドル増やすこと等で合意した。この米国製品・サービスには工業製品や食料品、農産品、魚介類、エネルギー製品、サービスが含まれ、協定の運用状況を評価し、紛争解決を担当する「二国間評価・紛争解決室」も新設された。

トランプ政権にとってこれは、中国側から大幅な譲歩を勝ち取った画期的合意なのだろう。その年の米大統領選挙で対中外交の成果を誇ることが可能と考えたのかもしれない。だが、当時から筆者は懐疑的だった。「関税」だけで中国を攻めても効果は限定的だし、そもそも、中国の最高指導者の行動指針は「経済的合理性」ではないと思うからだ。

案の定、2022年2月、バイデン政権の通商代表部（USTR）次席代表は米中経済貿易協定について、「中国が約束を果たしていないことは明らかだ。中国の国家主導かつ非市場的な政策は、われわれの経済的な利益に対する深刻な脅威であり、これからも中国政府に懸念を伝え続ける」と述べた（ジェトロ、2022年2月2日）。要するに、トランプ式対中交渉は事実上失敗したのだ。

◉——ビジネスパーソン大統領の長所と限界

第二期トランプ政権が誕生すれば、必ず「米中貿易戦争」がパート2として再発するだろう。されば、2018年当時の米中貿易交渉を詳しく振り返ってみることも無駄ではないはず。以下に当時筆者が書いた「激化する覇権競争はどう決着するのか」と題する小論(『中央公論』2018年9月号)の関連部分を一部修文のうえ再録する。当時の米中間の異様な雰囲気を感じ取っていただければ幸いである。

- 2018年3月、トランプ政権で主要幹部の更迭人事が相次いだ。まずは3月6日、ゲーリー・コーン国家経済会議委員長が辞任を表明。続いて13日にはレックス・ティラソン国務長官が解任され、22日にはH・R・マクマスター国家安全保障担当補佐官が辞任に追い込まれた。振り返ってみれば、この「3月の大虐殺」とも呼ぶべき穏健派幹部の粛清劇は「米中貿易戦争」勃発の前兆だったのかもしれない。
- 3月8日、トランプ政権はコーン前委員長が強く反対していた輸入鉄鋼・アルミ製品への上乗せ関税を発動。これに対し、中国は4月に米国産128品目、計30億ドルの輸入品に対する追加関税を発表した。さらに、トランプ政権が500億ドル相当の制裁の原案を発表すれば、中国も大豆や航空機への報復案を公表。こうして米中間の貿易摩擦は俄然、米中貿易「チキンゲーム」の様相を呈し始めた。

●対中強硬措置は大統領選挙期間中からの公約だったが、トランプ氏も彼なりに我慢していたのだろう。昨年（2017年）1月の大統領就任から1年間は匂わすだけで、実際には発動されなかった。そうした慎重姿勢が変わり始めたのは今年（2018年）2月頃からで、それ以降は人事と政策の両面で大統領自身の暴走が目立つようになる。残念ながら、いまやトランプ氏を制御できる側近はいなくなったと言っても過言ではなかろう。

以上は、2018年7月に勃発する「米中貿易戦争」開戦前夜のトランプ政権内の状況を描写した部分だ。米中対立が当時のトランプ政権の「人事」と密接な関連があったことを忘れてはならない。続いて同小論は、なぜこの時点で米中貿易戦争が勃発したのか、この種の米中覇権競争はどこまで拡大し、最終的にいかなる決着が予想されるのか等につき、より歴史的、戦略的な視点から考察している。

- 米民主党の一部には、こうした動きの背景にトランプ氏の直情・直感的傾向があると指摘する向きもある。……しかし、原因がＮＰＤ（自己愛性パーソナリティ障害）であるなら、中国に対しもっと厳しい姿勢を示しても不思議ではない。ところが対中関係に関する限り、トランプ氏の言動は、北朝鮮、ＮＡＴＯ諸国、イランなどと比べても、はるかに現実的かつ慎重なものだった。
- 破天荒に見えるトランプ氏の対中政策も、意外に戦略的な要素を含んでいるのではないか。「衝動的」に見えても、結果的にトランプ氏は米中関係の基本的変化に対応した「時代の要請」に応えていると筆者は考える。
- 当時、巷(ちまた)ではこんな声があった。「いくらトランプでも、国家安全保障問題を理由とした追加関税など発動できるわけがない」「実施すれば自殺行為となり、米国の製造業をさらに衰退させるだろう」「そもそも米中の巨額のＧＤＰに比べれば、追加関税額などごくわずかであり、マクロ経済的な悪影響は大きくない」、云々。
- だが、こうした根拠のない楽観論は7月に入り急速に薄れていく。トランプ氏は本気であり、習近平氏も譲歩する気はなかった。もちろん、こうした報復関税措置は経済学的に正当化できない。利益よりも不利益のほうが大きいからだ。それでも、米中双方とも譲る気配は示さず、市場は懸念を深めていく。筆者はこれを、経済的合理性のみから米中関係の分析を試みて陥る知的陥穽（かんせい）の典型例と見る。

トランプ氏の「長所」はビジネスを知っていることであり、逆にその「短所」はビジネスしか知らないことではなかろうか。「関税」一本槍の米中貿易戦争だけでは、経済を政治の目でも見る中国側に到底勝てるとは思えない。他方、トランプ氏がビジネスパーソンであるがために、トランプ政権が安全保障面での中国との覇権争いが現在ほど激化しなかったことも、あながち否定はできないだろう。

◉――トランプは武器を使う「戦争」を起こす気はない？

続いて、筆者の小論はこう論じている。

- 一方、外交安全保障の専門家・戦略思考家たちの中国に対する見方は大きく異なる。欧州で東西冷戦が終わった1990年代以降、米中関係は変質し始めた。当初西側は中国の「改革開放」政策を支援した。中国経済の資本主義化によって中国の社会自体が変化し、新たに生まれるであろう市民社会が中国の政治そのものを変えていくと本気で信じていたからだ。
- ところが中国では西側が望むような市民社会は生まれなかった。経済の資本主義化で得られた富の大半は中国共産党が事実上収奪し、逆に、共産党による国家統治能力が飛躍的に向上する。これらの余剰利益は人民解放軍の近代化と、インターネット監視を含む国内治安維持能力のハイテク化に充当された。政治学的には、より自己主張の強い「中華帝国」の再建が可能になり始めたと見るべきである。
- 21世紀に入り、日米の一部の識者がこうした傾向に警鐘を鳴らし始めた。ところが、経済界一般や多くの外交実務家・専門家はこれにほとんど耳を貸さなかった。中国の基本的外交方針は引き続き、鄧小平(とうしょうへい)が1990年代に提唱した韜光養晦(とうこうようかい)（才能を隠して内に力を蓄える）であり、中国とは対決せず、同国を国際的に「関与」させることが最善と考えたからだ。

●こうした考え方が米国で変わり始めたのはオバマ政権後半になってからだ。それまで下手に出ていた中国が米国に異を唱え、米国の覇権に挑戦するケースが増えていった。長期高度経済成長によるGDPの急速な伸び、増大する人民解放軍の国防費とその活動領域の拡大、米国ハイテク企業の虎の子最新技術を狙ったサイバー攻撃の急増など、いまやあらゆる分野で中国が米国に追い付き、追い越し始めたのである。

読み返してみてあらためて感じたことは、このように中国が安全保障面での覇権拡大を着々と進めているにもかかわらず、トランプ氏は「制裁関税」という非軍事的手段しか思いつかず、強大化する中国に対し軍事的な意味での（武器弾薬を使った）本当の戦争を仕掛けるといった発想がほとんど見られないことだ。先に述べたように、トランプ氏の企業人たる長所は、そのまま同氏の短所でもある。だが、それではトランプ政権がまったく安全保障問題を考えなかったかと言うと、それもまた事実に反する。

◉——日米貿易摩擦から教訓を得たい中国

最後に、筆者の小論は中国の対米観と日本の対米観の違いに触れている。

- 数年前、「中国政府関係者は日米貿易摩擦時代の日本の経験を知りたがっている」と中国の友人は言っていた。なるほど、中国が1980年代以降の日米貿易摩擦、とくにプラザ合意に至る日米交渉の詳細に関心を持つのは当然だろう。日本政府が米国の圧力にいかに対応したかはいまの中国にとって大いに参考になるからだ。しかし、当時の日米関係と現在の米中関係では安全保障環境が根本的に異なっている。
- 日米は当時から同盟国同士だ。いかに貿易摩擦が険悪化しようとも、日米安全保障政策関係者の間には同盟の根幹に悪影響を及ぼしてはならないという暗黙の了解があった。ところが、いまの米中にそのような大前提は存在しない。逆に同盟関係がないからこそ、米中貿易問題により両国の戦略的対立を助長させたくないという自制が働いたかもしれないが、いずれにせよ、いまやそうした時代は終わりつつある。

●当時の日本にはスーパー・パワーたる米国を代替しようとする野心などまったくなかった。これこそ日米貿易摩擦と米中貿易戦争が異なる理由だ。一方、いまの中国にはそうした野心が見え隠れする。これを象徴するのが２０１５年に発表された「中国製造２０２５」だ。同構想によれば、中国は以下の十の戦略分野で優位性のある中国国内産業の発展を加速するとしている。

●具体的には、①次世代情報技術、②高度なデジタル制御の工作機械とロボット、③航空・宇宙設備、④海洋エンジニアリング設備とハイテク船舶、⑤先進的な軌道交通設備、⑥省エネ・新エネ車、⑦電力設備、⑧農業機械、⑨新材料、⑩生物薬品・高性能医療機器。これらは商業的だけでなく、軍事的、戦略的にも最も重要なハイテク産業ばかりだ。米国が中国の戦略的意図を疑わざるをえないのも当然なのである。

●中国のエリートにとっていまの米中関係は、１８４０年代以降現在まで続く歴史的なトラウマを克服する過程の数コマにすぎない。中国が、部分的ながら、米国に対抗できる政治力、経済力、軍事力を獲得しつつある以上、米中間の覇権競争は今後も相当長期間続くと見るべきだ。現在の「米中貿易戦争」なるものは、じつは米中版「スターウォーズ」物語の数あるエピソードの一つにすぎないのだろう。

◉——中国にとって米中貿易戦争は経済問題ではなく覇権争い

以上が２０１８年9月当時、筆者が描いた米中経済関係とトランプ式対中交渉の背景だ。それにしても多くの人が気になるのは、一時妥結寸前まで進展した「米中経済・貿易協定」に関する交渉が、なぜ突然決裂してしまったのか、だろう。この点も、将来の米中貿易戦争パート２の行方を占う意味では重要なので、現時点で正確に理解しておいてほしい。

ＪＥＴＲＯ地域・分析レポート（２０１９年11月21日）などによれば、この米中貿易交渉の潮目が変わったのは、２０１９年5月にワシントンで開かれた閣僚会合だったという。両国は事務レベルですでに約１５０ページもの合意文書案を詰めていた。そのなかには、中国の経済モデルを改革する内容も含まれていたが、最終的に中国側が合意を拒否したため、交渉は振り出しに戻ったとされる。

ペンス副大統領（当時）は、「5月に、数カ月に及ぶ苦労を重ねて多くの主要な事項に関して合意していた１５０ページの交渉結果から中国は最終局面で離れ、振り出しに戻ってしまった」と中国の姿勢を批判している。それにしても、なぜこんなことが起きたのか。筆者はここにビジネスパーソンたるトランプ氏の強さと限界を見てしまうのだが……。

論点は二つある。第一は、中国において「経済＝政治」であることを理解すること、第二は、中国において「実務家に決定権限はない」ことを知るべきである。どちらも中国共産党という、欧州由来の「共産主義」とは程遠い、それでいてじつに中国中心的な政治集団が14億の中国人を統治しているからこそ起こる現象である。

第一の「経済＝政治」から考えよう。トランプ政権に限らず、歴代米政権は中国に対米輸出を減らすだけでなく、より自由で開かれた貿易システムに移行するよう求めてきた。経済的には当然の要求だろうが、「中国の経済モデルの改革」に触れた途端、中国側は「共産党の統治」そのものに対する挑戦と受け止め、直ちに交渉の扉を閉ざしてしまう。

第二は「実務家≠実権」という現実だ。2019年5月に「9割合意していた」文書案が突然差し戻されたが、「9割合意」とはあくまで「実務家レベル」でのもの。悲しいかな、仮に副首相レベルであっても、中国では「実務家」に最終決定権は委任されないのが普通である。要するに、共産党の重要決定は党の最高指導部のみが下す、ということだ。

エコノミストは米国の対中国政策を経済関係から理解しようとする傾向がある。もちろんそれは間違いではないのだが、問題は中国側が「米中貿易戦争」を経済問題ではなく、米中

「大国間覇権争い」の一部と見ていることだ。トランプ政権は「関税を武器」に政策変更を中国に求めたが、それを「共産党の正統性」への挑戦と見る中国側に譲歩する余地はない。

●――経済停滞に苦しむ中国

中国経済は現在、曲がり角に差し掛かっている。このまま直ちに右肩下がりが始まるとは思わないが、経済的に厳しい状況が当面続くことは間違いない。ゼロコロナ政策解除後に、中国特有のバブルが予想より早く弾けて不動産価格が低迷し、若者の失業率も高い。それに加えて「中所得国の罠」にもはまっている。

中所得国の罠とは、一人当たりGDPが1万ドル前後になると、低賃金を武器に「世界の工場」の輸出主導の途上国型成長モデルの産業構造を変えない限り、所得が増えないジレンマを指す。そのとき、実行すべきは市場開放、規制緩和、民間企業育成、国有企業改革・民営化、イノベーションなど、日本も台湾も韓国も経験した、一連の政策変更であるはずだ。

習近平国家主席は2024年3月、全国人民代表大会（全人代）の分科会で「イノベーションを促進し、新興産業を育成し、産業システムを改善しなければならない」と述べた。李強首相も「５％前後の成長率目標」を繰り返した。しかし、経済は民間の知恵と努力で回っているのだから、国家主席らが指示したからといって、経済がそのとおりに動くわけではない。

５％の経済成長を維持したいのなら、規制緩和を行ない、民間に自由な経済活動をもっと促すべきだが、実際には逆にインターネット企業などを規制している。これではアクセルとブレーキを同時に踏むようなもので、どちらかが暴走するだろう。ＩＭＦ（国際通貨基金）は中国の２０２４年の経済成長率を５％と予測しているが、このままでは、その達成は難しいのではないか。

●――サプライチェーンの脱中国化を進める世界

２０２４年5月、筆者が7年ぶりに中国を駆け足で回ってみて驚いたことが二つある。第一は、北京で20年前から親しかった欧米系弁護士事務所関係者、日本人のレストランオーナーや日中交流関係者が誰もいなくなってしまったことだ。ゼロコロナ政策や国家安全法の施行もあるが、最大の理由は、以前のように「儲からなくなった」ので北京でビジネスを続けることが難しくなったためだ。

第二は、景気が思ったほど回復していないこと。2024年の春節（旧正月）前後には、コロナ禍が明け中国経済のV字回復への期待が高まったが、空振りだったようだ。なぜかと聞いたら、中国の一般国民はゼロコロナ時代も、電気自動車ブームや備蓄奨励があり、結構モノを消費していたので、コロナ禍が終わってもあまり「買いたいモノがない」のだそうだ。

いずれにせよ、いまの中国は1990年代以降の日本のようなバランスシート不況に陥りつつあり、下手をすると、デフレが進行してしまう。中国経済にまだ伸びる余地は十分あると思うが、最大の問題は、「中所得国の罠」から脱出するため、中国政府が必要なマクロ経済的政策を打てていないことだろう。

このような政策変更が実現しなければ、いかに大きな市場とはいえ、中国経済への外国投資は先細る。しかも、経済安全保障の観点からは、今後日本や欧米の企業が最先端ハイテク技術を中国に投入するとは思えず、結果的には、世界のサプライチェーンの脱中国化が進むことになるだろう。

本来なら国内にお金を「ばら撒け」ば良いのだが、習近平国家主席は慎重のようだ。文化大革命時代に「ひもじい思い」をしたし、共産党の社会主義的イデオロギーから考えても、そういったバラマキは戒めている。しかし、マクロ経済的に考えれば、内需拡大は不可欠であり、そのための財政支出が必要なのだが、まだ十分とは言えない。

以上のように、国内的には、マクロ経済政策の変更が必要だが、変更すれば「共産党の指導力が衰える」という恐ろしい強迫観念があり、なかなか自由化、規制緩和には踏み切れないようだ。国際的にも、いまや中国経済は世界経済の一部として機能しており、「戦狼外交」のような対外的大喧嘩もできない。されば、中国経済の苦境は当分続くだろう。

◉──米中貿易戦争パート2の余波は日本にも及ぶ

2024年2月8日、トランプ氏は経済政策について、中国は「かつて誰も見たことのないレベルでわれわれのビジネスを奪っている」ので、大統領に復帰した場合には、関税計画で「ビジネスを取り戻し、製造業を米国に戻すことができる」と述べたそうだ（ブルームバーグ、2024年2月14日）。おいおい、トランプ氏の対中観は大統領になる前の2016年からまったく変わっていないようだ。

こうした見方を補強する材料もすでに出始めている。欧米系資産運用会社フランクリン・テンプルトンは『ワシントン・ポスト』紙の記事を引用し、トランプ氏とそのアドバイザーが以下の三つの関税戦略を検討していると分析する。

①ほぼすべての輸入品に10％の世界共通基準関税を導入、米国市場への新たな「入場料」の導入（これにより、第一期トランプ政権と比べ、関税の対象となる商品の数量は推定で9倍に増加する）。

②中国の最恵国待遇（米国法では恒久的正常貿易関係〈PNTR〉）の取り消し、電子機器・鉄鋼・医薬品など必須商品の中国からの全輸入を段階的に廃止する4カ年計画の開始、及び、驚くべきことに、中国からの全輸入品への60％もの高関税を含む対中懲罰措置の強化。

③米中「相互」関税の実施（他国が米国からの輸出品に課す関税に見合う関税または特別付加価値税をその国に適用する）。

最後に同分析は、「これらの提案はすべて、とくに中国から迅速かつ相応の対抗措置を引き出す可能性があり、第一期トランプ政権下の米中貿易戦争の影響を上回る世界経済の大幅な混乱につながる可能性がある」と予想する。これが本当であれば、第二期トランプ政権の対中貿易政策は、第一期政権よりもさらに深刻な問題を抱えるだろう。

ここでの問題は二つある。第一は、中国共産党が絶対に譲歩できない分野、具体的には、「統治の正統性」を犯すような領域にどこまで踏み込むか、だ。米国の企業人なら当然の経済合理性がある要求も、共産党最高指導部にとっては死活問題となる可能性については、すでに2019年5月に体験済みのはず。だが、米中とも当時とは交渉担当者が変わるので油断はできない。

第二の問題は、中国側にどの程度政策面で柔軟性が残っているか、である。すでに述べたとおり、中国が現在の経済的苦境から脱するためにはマクロ経済政策の大胆な変更が必要だが、それは国内政治的にきわめて難しい課題だ。いずれ最高指導者の高度の政治判断が必要となるが、北京では、改革を優先しすぎて国全体が崩壊してしまった「ゴルバチョフの悪夢」だけは繰り返したくないという声が圧倒的に強いだろう。

これら二つの問題が解決されない限り、米中間の貿易問題をめぐる緊張は続くはずだ。とくに、トランプ氏が「関税」に執着し、中国の機微な政治的思惑を軽視し続ければ、その

「とばっちり」は、米系企業はもちろんのこと、いまも中国で生産しビジネスを続ける日本や欧州の企業にも及ぶかもしれない。それだけは御免被り（ごめんこうむ）たいところである。

第7章 インド太平洋

——朝鮮半島危機と台湾有事に備えよ

「私の心配は、中国がルールに基づく国際秩序のリーダーである米国に取って代わるという野心を加速させることだ。長年中国は2050年までにその実現を望んでいたが、（いま）私はその目標を（中国が）前倒ししているのではないかと心配している。台湾は明らかにそうした野心の（対象の）一つであり、この（2020）年代、いや実際には今後6年間で、その脅威は顕在化すると考える」
（フィリップ・デービッドソン米インド太平洋軍司令官、米上院軍事委員会公聴会での発言、2021年3月9日）

●――「中国は2027年までに台湾侵攻」発言の真意

2021年、日本の大手マスコミ各社は、冒頭引用したインド太平洋軍司令官の証言を「6年以内に中国が台湾を侵攻する可能性がある」と訳し、大きく報じた。しかし、同司令官は必ずしも「6年以内に侵攻する」とは明言していない。正確には「今後6年間で脅威は顕在化する」と述べただけ、意訳にしてはややセンセーショナルであった。

そもそも、デービッドソン司令官は「中国が台湾に侵攻する可能性」には一切言及していない。同司令官は、台湾が中国の「野心」の対象の一つと述べたが、その「野心」の中身が具体的に何かについては慎重で、何も語っていない。これだけで、なぜ「台湾への武力侵攻」などと意訳できるのか。筆者は当時、この点を甚だ疑問に思ったものだ。

しかし、あれから3年、中国の台湾に対する姿勢は年々強硬になっている。いまや台湾の周囲を取り囲むような形で、軍事演習を頻繁に実施したり、台湾海峡の中間線を越えて台湾の防空識別圏に中国の戦闘機がたびたび侵入したりし始めている。本章では、こうした事態に第二期トランプ政権が適切に対応できるかどうかについて、朝鮮半島情勢と台湾情勢を絡めて考えたい。

●――対中強硬では一貫していたトランプ外交

「インド太平洋」戦略と言えば、故安倍晋三元首相が提唱し、バイデン政権下で日米同盟関係が飛躍的に強化された印象が強い。しかし、米国で初めて「インド太平洋戦略」という概念を採用したのは、じつはトランプ政権の国防総省だ。２０１８年5月には太平洋軍がインド太平洋軍に改称され、２０１９年6月には「インド太平洋戦略レポート」が公表された。

アジアに関心が薄いと批判されたトランプ政権だが、２０１７年12月に公表された「国家安全保障戦略」では、「世界における米国の地位に影響を与える重大な課題および潮流」として、地域の独裁者、聖戦テロリスト、国際犯罪組織などより前に、「中国やロシアなどの修正主義勢力」との競争を挙げている。

興味深いことに、一体性を欠くと批判されたトランプ政権でも、対中強硬政策については政権内に一定のコンセンサスがあった。同政権の外交安保関係者は中国の台頭を「米国に挑戦し、これを代替しようとする試み」と捉えていたが、経済貿易関係者も、別の観点から中国の保護主義政策や最先端技術・知的財産権を盗取する態度を問題視していた。

◉――トランプ政権下で同盟体制は弱体化し、不安定化した？

それでも、トランプ政権のインド太平洋外交については次のような批判がある。

- 一般に同盟諸国との連携、多国間協調の推進、中国との競争関係の制御を軽視した。
- ＴＰＰから離脱し、逆に東アジア地域包括的経済連携（ＲＣＥＰ）の拡大を招いた。

●その結果、東アジア地域において米国の政治的・経済的影響力は低下した。
●日韓などの同盟国には米軍駐留経費の負担増を求め、同盟の信頼性を損なった。
●米ASEAN（東南アジア諸国連合）関連首脳会議に3年連続、EAS（東アジア首脳会議）に4年連続で欠席し、ASEANからの信頼を失った。
●中国に関税戦争を仕掛け、逆に地域における中国の経済的プレゼンスの拡大を招いた。
●中国との貿易協議が行き詰まると軍事的・経済的圧力を加え、「新冷戦」が始まった。

幸いトランプ政権には、国防総省やNSCに、インド太平洋地域の戦略問題をよく理解する、優秀かつ現実的なスタッフが少数ながらいた。彼らも全力を尽くしたとは思うが、そのわりには顕著な成果が伴わなかった。なかでも、外交的に最も混乱を招いたのはトランプ・金正恩首脳会談をめぐるドタバタではなかったか。

◉――金正恩との首脳会談という「目くらまし」

2018年6月12日、シンガポールで歴史的な米朝首脳会談が開かれ、世界の注目を集めた。このあまりに唐突だった首脳会談は、「戦略的発想」のかけらもない、トランプ氏お得意の「取引したい衝動」で始まったと言っても過言ではない。ひとえにトランプ氏のキャラクターのなせる業で、彼がいなければ物事はこれほど稚拙に動かなかっただろう。

トランプ氏が「北朝鮮の金正恩朝鮮労働党委員長と会談する」と伝えたのは同年3月8日の木曜日、相手はホワイトハウスや国務省の高官ではなく、なんと同日オーバルオフィス（大統領執務室）で接見していた訪米中の韓国代表団だった。席上この代表団から「金正恩委員長に会談の意向がある」と伝えられ、どうやらトランプ氏はその場で「会談に応じた」らしいのだ。

通常なら考えられない、外交上の積み上げが一切ない、トップダウンの決定だったが、これには案の定、内政上の理由があった。当時は、月曜日にトランプ氏の元側近がロシアゲート特別検察官の召喚状を拒否し、火曜日には不倫相手のポルノ女優に口止め料を支払った話が蒸し返され、同日夕方にはNECのコーン委員長が辞任を表明するなど、トランプ氏の周辺は大騒ぎだったのである。

この種の話が出てくると、「目くらまし」をやるのがトランプ氏の常套手段。この米朝首脳会談も、熟慮の末に決断したわけではなく、苦し紛れに持ち出した可能性すらある。当時

トランプ米大統領（当時、右）と北朝鮮の金正恩委員長
（2018年６月12日、シンガポール）

たまたまワシントンへ出張中だった筆者はそうした事情をよく承知していたので、正直なところ、本当に首脳会談が実現するかどうか確信はなかった。

しかし、振り返ってみれば流れはすでに始まっていた。金正恩氏が韓国への対話姿勢を示したのは２０１８年元日の「新年の辞」。1月9日には早くも南北閣僚級会談で合意が成立した。でも、たった8日間でこんな大舞台が整うはずはない。おそらくは、前年から南北が仕込んでいたアイディアに違いないだろう。

ということは、おそらく２０１７年秋、遅くとも冬の段階で、南北間で実質的な連絡があり、米朝首脳会談に至る大まかなシナリオができていたかもしれない。閣僚級会談にしても、首脳会談にしても、場当たり的に決められる話ではないからだ。もっとも、トランプ氏に朝鮮半島の歴史の流れを動かす、戦略的な思考を求めるほうが間違っているのかもしれないが。

ちなみに以上の流れについては、第4章で紹介したボルトン元国家安全保障担当大統領補佐官のホワイトハウス時代の回顧録に興味深い記述がある。この暴露本によれば、ボルトン氏が見た文在寅（ムンジェイン）大統領（当時）の「米朝首脳会談」に向けた「仲介外交」なるものは、じつは韓国の自作自演で、あまり実態がなく、韓国が「北朝鮮に対して言うこと」と「米国に対して言うこと」の間に一貫性もなかったため、「信用できないもの」だったようだ。

文在寅大統領はトランプ氏に対し「北朝鮮は1年以内の完全な非核化を約束した」と伝え、トランプ氏は衝動的に米朝首脳会談を受け入れた。そこまでは良かったのだが、そもそも金正恩氏に核兵器放棄の意図はなかった。北朝鮮側は、一部核施設閉鎖という「譲歩」の見返りに、米国から「経済制裁の実質解除」を勝ち取れる、と文在寅政権に囁（ささや）かれたのだろう。

いずれにせよ、トランプ政権の外交安保チームがこうしたやり方に賛同していたとは思えない。アメリカ政府の誰一人として、トランプ氏が正しいとは思わなかったが、「それはおかしい」と発言した途端に職を解かれる恐れがある以上、トランプ氏には誰も何も言い出せなかったのだろう。以上が当時の筆者の見立てだったが、この見方はいまも変わらない。

◉――トランプ政権の北朝鮮外交によって失われた「１９５３年体制」

この米朝首脳会談の地政学的意味を理解するためには、会談実現前の朝鮮半島の状況を知る必要がある。筆者の見るところ、トランプ政権発足前の東アジア・朝鮮半島をめぐる国際情勢は概ね安定していたと思う。具体的には、次のとおりだ。

①朝鮮戦争は、南北朝鮮米中など関係国が誤解や誤算をせず、合理的な判断と行動を続ける限り、概ね相互抑止が効いている状態にあった。

②北朝鮮の核弾頭付きＩＣＢＭ（大陸間弾道ミサイル）は完成間近にあったが、それを阻止ないし遅らせるためには、北朝鮮に対する、「経済制裁以上、武力攻撃未満」の強い圧力が必要だった。

③一方、韓国の文在寅政権発足により、南北朝鮮で共同シナリオ、すなわち朝鮮半島から米中露の影響力を排除し、朝鮮民族の主体性を回復する動きが水面下で進んでいた。

④北朝鮮にとって「核兵器」は生き残りのための最後の切り札だが、韓国の文在寅政権にとって「北の核兵器」は「同胞の核」という側面もあった。

このような東アジア情勢のもとでトランプ氏が米大統領として登場したのだが、案の定、戦略なきトランプ氏はここでも衝動的決断を繰り返した。その結果、東アジアに不完全ながらも構築されてきた相対的安定〈筆者はこれを「１９５３年体制」〈朝鮮戦争休戦協定体制〉と呼ぶ〉は一時的にせよ失われ、東アジア・朝鮮半島に「新常態」が生まれてしまった。

⑤具体的には、長く東アジアの現状維持に貢献してきた「１９５３年体制」の風化が加速され、日米の防衛線を北緯38度線から対馬(つしま)海峡に南下させる恐れが増した。

⑥超大国が北朝鮮と対等の首脳会談を行なうことにより、金正恩氏は国際的に認知され、北朝鮮の核武装を事実上不可逆的なものにしてしまった。

⑦韓国が北朝鮮と事実上連携を維持する限り、朝鮮半島における米国の軍事的選択肢は事実上失われる恐れが出てきた、ということである。

北朝鮮が実戦配備した可能性が高い核弾頭付き中距離弾道ミサイルの主たる標的は東京と北京である。こうなれば、東アジアでも「米国の拡大抑止は中距離核弾頭ミサイルの脅威を抑止できるか」という１９８０年代の欧州での議論が実質的意味を持つようになったことを意味する。そのことは日本の非核三原則の議論にも少なからぬ影響を与えるだろう。

このように考えると、現在の尹錫悦（ユンソンニョル）韓国大統領の政策は、一時的に不安定化した「１９５３年体制」をいま一度安定化させようとする努力の一環であり、日米がそれを支援しつつあると見ることも可能である。ただし、問題は「１９５３年体制」の抑止効果が完全に元通りになるかだ。この点については、韓国の次の政権が答えを出すこととなろう。

●――米朝シンガポール共同声明の負の遺産

ここであらためて、２０１８年6月12日の米朝首脳会談の結果について考えよう。ポイントは二つある。第一は、北朝鮮が核兵器を放棄どころか、今後も持ち続ける、という現実。もう一つは、米国にはこの問題を解決するための軍事的オプションがない、ということだ。こうした政治的均衡ができた以上、北朝鮮が主導権を持ちかねない危険な状態であった。

そもそも、シンガポール共同声明には合意事項が何一つない。金正恩氏は国内の核を放棄すると再三語るが、あくまでもそれは最後の手段。いずれトランプ氏はいなくなるが、金正恩氏は生き残る。既成事実を積み重ね、朝鮮半島は「もう戦争状態ではない」とアピールすれば、いずれ朝鮮戦争の「終結」に持ち込める。それが金正恩氏のシナリオだったのである。

幸い、米朝首脳会談は、その後２０１９年２月27～28日にかけてベトナムのハノイで開催されたが、合意もないまま決裂した。さらに米朝両首脳は同年６月にも板門店(パンムンジョム)で会談したものの、米側は「首脳会談ではなく両首脳の面会」とのみ発表、北朝鮮側も首脳会談としていない。筆者が最も恐れた事態はなんとか回避されたが、その負の遺産はいまも残っている。

●——米中覇権競争の原点はアヘン戦争

話を中国に戻そう。北朝鮮との首脳会談はエピソードで済んだが、トランプ政権の対中政策は、昨今の中国の台頭を政治・軍事大国として米国の世界覇権に挑戦する「戦略的脅威」と捉えていたにもかかわらず、思うような成果を上げなかった。その理由はいったい何だろうか。おそらくはトランプ氏に中国人の近代史観が決定的に欠けていたからだと思う。

中国にとって米国とは、清朝末期より西洋列強からの強烈な文化的挑戦に敗れ去った歴史的トラウマの一部だ。アヘン戦争以降、西洋列強の衝撃に対する中国側の近代化努力は成功しなかった。いまや経済力と軍事力を飛躍的に高めた中国は「西洋文明からの衝撃」の最後の残滓である米国からの圧力を克服し始めたのではないか。筆者の見立てはこうだ。

- １８４０年のアヘン戦争に対する中国の最初の対応は、「太平天国の乱」だった。１８５１年、客家の洪秀全がキリスト教と土着の民間信仰を融合し、清朝に反対して始めたのがこの過激な民衆運動だが、結局は外国からの支援を得た清朝により鎮圧された。
- 第二の対応は、１８６０～90年代の曾国藩・李鴻章らによる「洋務運動」だ。同運動は、政治体制・制度は変えず、西洋の学問・技術を利用して、清朝の生き残りを図ったものだが、民衆の支持のない中途半端な宮廷改革だったため、最終的に失敗する。
- 第三の対応は、１８９８年の光緒帝と康有為による「変法自強運動」だ。政治体制自体は変えずに日本をモデルとした立憲君主制の導入など大胆な制度改革を目指していたが、改革内容も急進的すぎたこともあり、西太后の反発に直面して最終的に挫折した。
- 第四の対応は、１９００年の義和団事件である。同事件は白蓮教の一分派による「扶清滅洋」の政治運動だったが、清朝は義和団を鎮圧するどころか、逆に義和団とともに北京の外国公館を攻撃し始めた。これには日本を含む諸外国が軍隊を派遣して介入したため、最終的には鎮圧されてしまう。

●第五、第六の対応は、孫文による「辛亥（しんがい）革命」と毛沢東による「共産革命」である。孫文らは清朝打倒と共和制国家樹立を唱えて立ち上がり、１９１２年にアジア初の共和制国家である中華民国を樹立したが、南京臨時政府による統治は中途半端に終わり、本格政権の樹立は１９４９年の共産革命まで実現しなかった。

●第七の対応は１９７８年末からの鄧小平による改革開放だった。しかし、急激な経済の資本主義化が新たな格差の拡大と環境破壊などの深刻な副作用を生んだこの政策が、西洋文明からの挑戦に対する中国の最終回答になるとは思えない。

こう見ていくと、最近の米中間の覇権競争をめぐる習近平国家主席の強硬な姿勢は、アヘン戦争以来数えて8回目の対応となる。中国にとって今回は「西洋文明からの挑戦」に対する最後の、かつ最も組織的で強力な対応としたいのだろう。

建国後の中華人民共和国は徐々に国力を回復し、１９９７年に香港を英国から、99年にはマカオをポルトガルから、それぞれ取り戻した。かつての欧州列強を撤退させたいま、中国の伝統的勢力圏内で軍事プレゼンスを維持しているのは米国だけだ。おそらく中国人は米国を、歴史的な「西洋文明からの衝撃」を克服するうえでの最後の障害と見ているはずだ。

以上が、筆者の考える「中国の対米認識」であるが、トランプ氏はこうした中国知識人エリートの歴史観をどこまで理解しているだろうか。もし、再選後のトランプ氏がこうした「中国ファースト」のナショナリズムを知らず、以前と同様の「関税戦術」を繰り返すなら、米中間の対立はますます先鋭化するのではないかと危惧する。

●——トランプはどこまで台湾を守るのか

さらに気になるのが、第二期トランプ政権の台湾有事に関する対応だ。2024年3月の中国全国人民代表大会で中国は台湾に関する「文言を強化」した。国務院総理の政府活動報告では「統一の理念を断固として推し進める」とされ、「平和的統一」としていた従来の表現を修正したとも報じられた。

「平和的」という表現を削除するのは昔もあったことで過大評価すべきではないかもしれない。他方、別の報告では「『台湾独立』を目指す分離主義的な活動や外部からの干渉に断固として反対する」との表現も使われたとも報じられた。総じて、中国の台湾政策は、8年前と比べ、より強硬なものになりつつあると見てよいだろう。

中国の言う「平和的統一」とは台湾が中国のシステムを受け入れる、ということ。だが、いまや台湾は人びとが自由を謳歌（おうか）し、日本よりも政権交代の多い民主主義システムだ。民主主義を具現する人たちが中国大陸のやり方を受け入れるとは思えない。しかも、彼らは香港やウイグル、チベットで起きていることを知っている。

されば、中国の言う「統一」はどうしても武力に頼らざるをえない。だが、そんなことをすれば、中国経済は終わる。経済制裁が発動され、石油も止められるだろう。苦しい中国経済の立て直しに注力すべきときに、台湾に侵攻する余裕などあるのか。しかも、軍内部では不正汚職の噂が絶えないという。合理的判断を優先すれば、台湾侵攻の抑止は可能だ。

それよりも筆者が懸念するのは、台湾に対する米国のいわゆる「曖昧戦略」の有効性であり、とくに気になるのは、東アジアではなく、ワシントンでの議論だ。日本ではあまり注目されていないが、過去数年間、地域の安全保障を左右しかねない超党派の議論が米国の首都で起きている。論点はズバリ、対台湾「曖昧戦略」を「見直すべし」という議論だ。

議論の口火を切ったのは、2020年9月2日に『フォーリン・アフェアーズ』誌で「米国は台湾を防衛する意図を明確にせよ」と題する小論を書いたリチャード・ハース米外交問題評議会名誉会長だ。かつて国務省政策企画局長を務めた政策のプロでもある。このハース論文が現行の「曖昧戦略」を１８０度転換するよう求めている。同論文の要旨は次のとおりだ。

- 曖昧戦略では、軍事的に強大化した中国を抑止できない。
- 台湾を防衛する「意図を明確にする」方針変更は「一つの中国」政策の枠内で可能であり、むしろ米中関係を強化する。
- 中国の軍事的優位は明らかで、中国の行動を待って米国が態度を決めるのでは遅すぎる。
- 中国が台湾統一に動いた場合、万一、米国が台湾を守らなければ、日韓は「米国に頼れない」と判断する。そうなれば、両国は対中接近か核武装を選択しかねず、いずれも次の戦争の原因になる。よって、曖昧戦略は地域の現状維持に資さない。

同論文発表から1年後の２０２１年10月11日、今度はバージニア州選出のエレイン・ルーリア民主党下院議員が米『ワシントン・ポスト』紙に「米議会は台湾に関しバイデンの制約を解くべし」と題する小論を掲載した。元米海軍中佐でもある同議員の台湾防衛に関する主張は次のとおり、じつに率直、大胆かつ明解である。

- 米国には現在、中国を抑止する戦力も、それを使用する大統領の法的権限も存在しない。
- 現行の戦争権限法と台湾関係法は大統領に台湾を防衛する権限を与えていない。
- 大統領は中国の台湾侵攻を撃退し、全面戦争を抑止すべく迅速に対応する権限を持たない。
- 「台湾侵攻回避法案」により、大統領に台湾を防衛する権限を与えるべきである。
- 同法案は、大統領に台湾介入を義務付けず、「一つの中国」政策を変えるものでもない。

米大統領は現行法上、中国のグレーゾーン戦術、ハイブリッド戦などによる台湾侵攻戦略に適切に対応する権限がない。ルーリア議員は「曖昧戦略を変更せよ」とまでは言っていないが、少なくとも「台湾を防衛する」意図を米国政府がこれまで以上に「明確」にすることは求めているのだ。

米海軍の元軍人で下院軍事委員会の副委員長であったルーリア議員が寄稿した意味は決して小さくない。その後もこの種の「曖昧戦略」見直しを求める声は続いており、同様の主張はいま米議会内でも静かに、かつ超党派で増殖しつつあるように思える。しかし、だからといって、近い将来こうした主張が米国の台湾政策の主流になるとは思わない。

●――トランプは「曖昧戦略」を理解しているか

米国政府はこれまで、中国が台湾に侵攻した場合、米国がいかに対応するかを明確にしない「曖昧戦略」を採ってきた。１９７２年のニクソン訪中以来、歴代米国政権がこの「曖昧戦略」によって、①中国の台湾侵攻、②台湾の独立宣言、を同時に抑止し、東アジアの現状を維持してきたことも否定できない。トランプ氏はこのことをどの程度理解しているだろうか。

米国のアジア専門家、とくに中国専門家の主流はこれまで台湾に関する「曖昧戦略」を強く支持してきたが、彼らの議論には一理も二理もある。１９７２年にヘンリー・キッシンジャー氏が考案して以来、米国政府が採ってきたこの伝統的政策はそれなりに機能してきたからだ。続いて、「曖昧戦略」のどこが悪いのかと反論する彼らの議論を紹介しよう。

- （台湾に関し）中国にはさまざまな地政学的制約がある。よって、米国と台湾が大騒ぎせず賢い選択を続ける限り、中国は台湾侵攻を選択できない。
- 「曖昧戦略」が中台双方に対する米国の影響力を最大化する。このことは、ブッシュ政権時代の陳水扁（ちんすいへん）政権との関係から明らかである。陳水扁政権は台湾独立を志向したが、米国はこれを抑えた。
- 「明確戦略」を採用し、米国の支持を得た台湾の民進党が「台湾独立」を決断すれば、いったいどうするのか。
- 米国が「明確戦略」を採れば、中国は台湾に対する非軍事的圧力を強める。
- そうなれば、中国は米軍が介入する前に、台湾を屈服させようとするだけである。

以上の主張には一貫性がある。しかし、中国の軍事能力の大幅な向上という新たな状況に対応できるのか、対中抑止にはいまやあまり効果がないのではないか、という問いには答えられない。「曖昧戦略」と「明確戦略」の最大の違いは、前者が「中国の目的は台湾独立阻止」だと考えるのに対し、後者は「中国は本気で台湾を併合する」という前提に立つことだ。

◉——「曖昧戦略」を簡単に転換してはいけない

筆者の知る限り、トランプ氏が過去に「米国による台湾防衛」の可能性について言及したことは一度もない。あれだけ饒舌（じょうぜつ）なトランプ氏が一言も喋らないのに対し、現職のバイデン大統領が、失言か、意図的か、認知症によるものかは別として、何度も「台湾を防衛する」と公言していることとはあまりに対照的である。

筆者がこの点にこだわるのは、台湾有事の際の米国の行動の有無およびその態様は、日本の国家安全保障を左右する重要な要素だからだ。その意味でも、トランプ氏が、少なくともこの問題の微妙かつ流動的な本質を正確に理解するか否かは、将来のインド太平洋地域の同盟ネットワークの将来を左右しかねない大問題だと考える。

最後に、筆者の見立てを書いておく。巷には「有事となれば、トランプ氏は台湾を見捨てる」といった悲観論もあるが、こればかりは起きてみないとわからない。いまはトランプ氏に以下の論点を正しく理解してもらい、台湾有事の際に間違った判断を下さないよう祈るしかない。それにしても、こんなややこしい説明をトランプ氏は理解できるだろうか。

- 米国が曖昧戦略を一方的に放棄すれば、1972年の米中国交正常化および日中国交正常化の前提、すなわち日米中は「台湾問題」の最終的解決を急がないという暗黙の了解そのものを否定する。これに対し中国は、台湾問題を平和的に解決するとの約束を公然と反故にする口実を得るため、台湾の安全はむしろ害されることになる。
- 逆に、米国が台湾を防衛しなければ、東アジアの同盟国からの信頼は失われる。他方、同盟国側は米国に代わって台湾を防衛する義務まで負う気はない。米国の戦略的曖昧さが続く限り、同盟国が台湾問題に巻き込まれる可能性は低いので、米国の曖昧戦略は同盟国にとっても利益となっている。
- 曖昧さによる抑止はこれまでそれなりに機能してきた。仮にこの戦略を転換するなら、曖昧戦略に代わる新たな台湾「抑止」メカニズムを、中国側の了解を得たうえで構築しなければならない。新たな抑止メカニズムを欠くいかなる政策変更も成功せず、逆に米国は台湾防衛という実行困難な「レッドライン」の罠にはまることになる。

最後に、蛇足ながら、台湾に関する日本の「曖昧戦略」について付言したい。トランプ氏が本書を読む可能性はゼロに近いだろうが、だからこそ、米国版とは微妙に違う日本の「曖昧さ」を記しておきたいのだ。この部分は、台湾有事の可能性が万一高まったときに読み返していただければ幸いである。

●日本の立場は、１９７２年の日中共同声明第三項にあるとおり。すなわち、中華人民共和国政府が「台湾が中華人民共和国の領土の不可分の一部であることを重ねて表明する」のに対し、「日本国政府は、この中華人民共和国政府の立場を十分理解し、尊重し、ポツダム宣言第八項に基づく立場を堅持する」ということである。

●台湾問題は、台湾海峡の両岸の当事者間の話し合いによって平和的に解決されるのが日本の希望である。台湾が平和的に中華人民共和国に統一されるのであれば、日本は当然これを受け入れる。当事者間の平和的話し合いがある限り、台湾問題は中国の国内問題と認識され、台湾をめぐり安保条約の運用上の問題が生じることはない。

●他方、将来的に万一、中国が武力を用いて台湾の統一を試みた結果、武力紛争が発生した場合には、事情が根本的に異なるので、日本国の対応については、立場を留保せざるをえない。

以上が1972年までの長い日中交渉の末に出来上がった芸術的とも言える日中間合意の中核部分である。当時の日本政府関係者は「台湾有事」を抑止する枠組みを、このように「日中共同声明」のなかに見事に盛り込んだのだ。

仮に、米国が台湾に関する「曖昧戦略」を捨て「明確戦略」に移行した場合には、台湾問題の現状維持に関する日米中の暗黙の了解そのものが失われるので、日本は「台湾有事を抑止する」外交的枠組みを失うことにもなりかねない。

そうなれば、日本の対中安全保障政策は大幅な見直しが必要となる。それが嫌なら、現行の枠組みのなかで、日本自身の対外抑止力を大幅に増強する必要があるだろう。

◉――習近平の判断ミスというリスク

「中国の台湾侵攻」の可能性を懸念する声が高まった背景には、2022年2月から始まったウクライナ危機がある。台湾危機を煽る人びとは概ね次の四つのカテゴリーに分類できる。第一は世界の注目を集めたい台湾当局、第二はインド太平洋地域で中国の力による現状変更を認めたくない諸勢力、第三は陰謀論で危機を煽る一部の無責任な評論家、第四はこうした流言飛語を材料にしようとするマーケット関係者である。

筆者は軍事的、政治的、経済的理由から、台湾危機をことさらに煽動するような議論には懐疑的だ。まずは軍事面だが、ウクライナと長い陸上国境を有する陸軍大国ロシアがあれだけ大部隊を動員しても、ベラルーシ国境からわずか１００㎞程度先のキーウを攻略できなかった。されば、海軍国の伝統がない中国が、海に囲まれた台湾全土を、最短でも１３０㎞もある台湾海峡を渡る上陸作戦で侵攻しても、容易に制圧できるとは思えない。

政治的にも困難だ。軍事侵攻の成功には日米の介入阻止が不可欠だが、それが政治的に容易だとは思えない。

経済・内政的にも、中国はいま不動産バブル崩壊、中所得国の罠、若年失業、脆弱な社会保障制度などの問題を抱える。習近平指導部が、政治的に喫緊でなく、軍事的にも１００％成功の保証がない「台湾制圧作戦」といったリスクを冒すだろうか。

中国が台湾侵攻に踏み切るシナリオがあるとすれば、以下の四つだろう。具体的には、①

台湾が「独立」宣言する場合、②共産党内の権力闘争が激化した場合、③一般大衆の不満爆発で、共産党指導部がなんらかの対外強硬策に打って出る場合、④人民解放軍首脳が「米軍の準備が整っていないいまなら台湾制圧は可能」と最高指導者に囁く場合、である。

しかし侵攻後の厳しい経済制裁の可能性を考えれば、将来はともかく、中国が近いうちに台湾に軍事侵攻する可能性は低いだろう。筆者が唯一懸念することは「独裁者の誤算」である。ウクライナではプーチン氏ほどの独裁者が見事に戦略的判断ミスを犯した。されば、東アジアにいる少なくとも二人の独裁者の一人でも誤算すれば、戦争は始まるのである。

●——第二期トランプ政権のインド太平洋外交は変わるか?

最後に、「もしトラ」となった場合のインド太平洋外交を予測してみよう。第一期トランプ政権のアジア方面の外交はあまり芳しい評価を得られなかった。第二期トランプ政権も、同盟強化議論よりも対日、対中貿易戦争などを再発させる恐れが高い。米中緊張は続くが、トランプ氏に「戦争に打って出る」度胸はないだろう。

同盟国との連携は停滞し、QUADの枠組みにもあまり関心を示すとは思えない。「アメリカ・ファースト」のトランプ氏が「地球温暖化」「環境保護」「脱炭素化」といった地球規模の課題に関心を持つとも思えない。先に挙げた第一期トランプ政権に対する批判について問題点が解消するか予測してみよう。

- 同盟諸国、多国間協調、対中関係の制御を軽視する姿勢は続くだろう。
- 第二期政権がＴＰＰ、ＲＣＥＰを含む多国間経済連携協定に関心を持つとは思えない。
- その結果、東アジア地域において米国の政治的・経済的影響力は引き続き低下するだろう。
- 日韓などの同盟国には再び米軍駐留経費の負担増を求める可能性が高い。
- ＡＳＥＡＮ地域への関心も引き続き低いだろう。
- 中国に対しては、さらなる強硬な関税戦争を仕掛けるに違いない。
- 今回は貿易協議だけでなく、安全保障の分野でも圧力を強める可能性が高い。

残念ながら、どれ一つとして改善の見込みはない。当然だろう、相手は他ならぬドナルド・トランプなのだから……。

第8章 安倍元首相なき日本の「もしトラ」生存戦略

「安倍氏がどれだけ素晴らしい人物、かつリーダーであったかは歴史が教えてくれるだろう。彼は、他に類を見ない一体感をもたらす人であり、何よりも彼の偉大な国である日本を愛し、守り、育てた男だった。彼のような人は二度と現れないだろう」

（ドナルド・トランプ、SNS投稿、2022年7月8日）

「安倍元首相は私の友人であり、同盟相手で、素晴らしい愛国者だった。彼は平和と自由、そして米国と日本のかけがえのない絆のために力を尽くすことを惜しまなかった」

（同SNS投稿、同日の遊説演説での冒頭発言）

●――トランプを手なずけた安倍晋三元首相

冒頭の安倍元首相に対するトランプ氏の惜別の辞をじっくり読んでほしい。短文ながら、まさに手放しの評価、トランプ氏の「シンゾー」に対する個人的心情が吐露（とろ）されている。トランプ氏がここまで絶賛する外国の要人は他にあまりいないだろう。失礼ながら、トランプ氏のSNS投稿には胡散臭（うさんくさ）いものも少なくないが、これだけは「本物だ」と直感する。

安倍晋三首相（左）とトランプ米大統領（いずれも当時）
（2019年９月25日、米ニューヨーク）

Ｇ７（主要7カ国）諸国の友人からは「なぜ安倍元首相はトランプ氏と関係が良いのか？　秘密を教えてほしい」とよく聞かれたものだが、筆者の答えはいつも同じだった。「安倍さんの個人的な人柄だよ。彼はトランプ氏のような気難しい政治家の懐にも飛び込んでいける天性の『人たらし』なんだから！」と。

しかし、人柄やゴルフだけではトランプ氏を制御することなどできない。あの「アメリカ・ファースト」の大統領を黙らせるには、日本も同盟国として「米国を守る」と言えなければならない。それを可能にしたのが２０１５年の安全保障法制と憲法解釈変更だった。トランプ氏の当選は翌年だ。幸いにも、安倍元首相の努力はぎりぎりで間に合ったのである。

●──「安倍・トランプ外交」を支えた米国人

そうは言っても、首相と大統領だけで日米外交を仕切ることは不可能。とくに相手がトランプ氏であれば、なおさらだ。筆者の個人的経験でも、外交がスムーズに進むためには、首脳同士の相性だけでなく、事務方レベルの能力と相互信頼が最も重要だと思う。ここではトランプ政権で対アジア政策を仕切った功労者のなかから一人を挙げ、その重要性を説明したい。

その高官とは、マット・ポッティンジャー国家安全保障担当大統領副補佐官（当時）。1990年代後半から2000年代前半にかけて、ロイター通信と『ウォール・ストリート・ジャーナル』の記者として中国に駐在。2007年から2010年までは海兵隊員としてイラクとアフガニスタンに計3回派遣された異色の経歴の持ち主である。

NSCアジア上級部長として、対中国政策を含む政権のインド太平洋政策を担当したのち、2019年から2021年まで国家安全保障担当大統領副補佐官を務めた。同補佐官とは一度だけ、共通の友人の紹介で彼のオフィスで会ったことがあるが、「トランプ政権にこんな優秀な男がいたのか」と思うほど、見識と能力の高さに感銘を受けた覚えがある。

余談になるが、ワシントンでは新政権が発足するたびに外国大使館員がすべきことがある。それは、ポッティンジャー氏のように、ホワイトハウス高官の政治任用職に登用される前に、その人物と個人的な友人関係を築くこと。そのためには将来「大化け」する優秀な人材を他の誰よりも早く見出し、友人となり、自宅に呼び、できれば配偶者とも仲良くなる必要がある。

誰でも簡単にできることではない。競馬で言えば、「万馬券」を、レースの1年も前から当てるような確率だ。幸い、筆者もワシントンで数人ながら本当の友人と知り合えた。一人は副大統領の安全保障担当補佐官、もう一人が中東担当のNSC上級部長だった。2024年も大統領選挙の年、ワシントンの各国大使館の若手外交官の奮闘が目に浮かぶ。

●――ボルトン「暴露本」が描く、日本版NSCの力量

NSCの話が出たついでに三度（みたび）、トランプ政権で国家安全保障担当大統領補佐官を務めた

ジョン・ボルトン氏の回顧録話をしよう。トランプ政権の後半の主要外交課題を、これほど詳細、かつ率直に書いた回顧録はおそらく他にないだろう。内容が内容だけに、日本では「ボルトン回顧録は、再選濃厚から一転して逆風が吹いていたトランプ氏に『とどめの一撃』か」といった報道すらあった。

だが、この回顧録の最も凄いところは、従来はほとんど書かれることがなかった日米外交の舞台裏をボルトン氏が米側の視点で生々しく描いていることだ。ホワイトハウスの国家安全保障担当大統領補佐官が書いた回顧録は少なくないが、この種の書籍で日本に関して多くのスペースを割いた著作は決して多くない。

たとえば、ヘンリー・キッシンジャー氏の *White House Years* は全1521ページのうち、日本への言及は事実関係だけの160回、佐藤栄作首相が95回だった。オバマ政権でNSC補佐官だったスーザン・ライス氏の回顧録は全534ページながら、日本への言及はわずか10回、日本の首相に触れた箇所はゼロだった。まあ、普通はこんなものである。

ところが、ボルトン回顧録は別格だ。全584ページで日本への言及は153回、安倍晋三首相が157回もある。さらに、当時の谷内(やち)正太郎・日本版NSC局長への言及も21回に上った。一昔前の日米関係を知る者にとっては信じ難い回顧録である。

この暴露本によれば、ボルトン・ヤチ（谷内）協議はボルトン補佐官在任中、節目節目で頻繁に行なわれた。とくに、対朝鮮半島、イラン政策に関し、日米間でこれほど密接、率直かつ建設的な協議や意見交換が継続的に行なわれていたとは知らなかった。続いて、この二人が米朝首脳会談などについて行なった協議の内容を見ていこう。

●２０１８年4月12日午前、自分（ボルトン、以下同じ）は韓国の鄭義溶（チヨンイヨン）国家安全保障室長と会ったあと、ヤチＮＳＣ局長とも協議した。日本の立場をできるだけ早く伝えたいと前置きしたヤチは、「北朝鮮の核兵器開発の決意は固く、いまは平和的解決の最後のチャンスだ」と言う。韓国とは１８０度異なる、つまり自分に近い考えを伝えてきた。日本は（北朝鮮が提案する）「段階的な対応」も望んでいなかった。

●ヤチは、米朝協議開始直後に核兵器廃棄を始め、2年以内に終了すべしと言ってきた。自分は廃棄なら6～9カ月で済むと伝えたが、ヤチはただ笑っていた。ところが、その翌週にフロリダで日米首脳会談を実施した際、アベは6～9カ月での廃棄を求めてきた。また、ヤチは日本にとって拉致問題がいかに重要であるかにも言及した。

●同年5月4日、鄭義溶室長と南北首脳会談の結果について3回目の協議を行なった。同日、日本のヤチも南北首脳会談について議論しにやってきた。これは日本がプロセス全体をいかに詳しくフォローしているかを示すものだ。ヤチは韓国の「多幸感」と、北朝鮮の伝統的な「段階的アプローチ」に米側が惑わされないよう求めた。

●5月24日、（トランプが「6月12日の米朝首脳会談を〈いったん〉中止する」旨を述べたあと）、鄭義溶室長が自分に電話で「キャンセルは文大統領にとって政治的に大きな打撃だ」と伝えてきた。これに対し、日本のヤチは「シンガポール（の第1回米朝首脳会談）がキャンセルされて大いにほっとした」と伝えてきた。

●6月5日、（韓国大統領が6月12日にシンガポールまで来たがっていること、トランプが戦争終結宣言への関心をいまだ捨てないことについてトランプと議論した際）戦争終結宣言という譲歩について、とくに日本が困惑することは知っていたので、同日午後ワシントンにやってくるヤチがこれについてなんと言うか、早く話を聞きたかった。

●6月13日、シンガポールからワシントンに戻った。トランプの「北朝鮮の核の脅威はもうない」と綴ったツイートの発出は止められなかった。翌日、ヤチと話した。日本は明らかに、米側が何を北朝鮮に与え、その見返りに何を得たかにつき懸念していた。

●7月20日、ヤチと電話連絡した（マイク・ポンペイオ国務長官が7月6日から訪朝した際、北朝鮮は「非核化の前」に「安全の保証」を求め、「検証」は「非核化の後」だと主張した。これに対し米側は「北朝鮮が核兵器をどこかに隠匿(いんとく)しており、廃棄する気などない」との結論に至った。議論は平行線に終わった)。この結論はまさに日本の考えでもあった……。

長々と書いた理由は二つある。第一は、こうした記述から、トランプ政権の国家安全保障担当大統領補佐官がいかに苦労してトランプ氏に仕えてきたかを窺い知れるから。第二は、日本がＮＳＣを設置後、外交・安全保障政策の質と量と影響力が飛躍的に向上したことを米側が評価していたと思うからだ。

ボルトン暴露本はこれ以外にも、中国やイランについて日米のＮＳＣトップ同士が協議した一端を記述している。一昔前なら、信じられないような光景だ。

最後にボルトン氏の不幸を二つ。一つは、ネオコンと呼ばれながらも、共和党伝統的保守強硬派がトランプ外交を担当したこと。二つ目は直接のボスがドナルド・トランプ大統領自身だったことだ。

◉——日本にトランプと対抗できる政治家はいるか

良い話と悪い話がある。バッドニュースは、もう日本に「安倍晋三」というトランプの尊敬を勝ち得た天才的「じゃじゃ馬馴らし」政治家はいないという現実だ。たしかに、トランプ氏の大統領就任前にトランプタワーまで会いに行ったことは「外交的」でない。だが、そもそも、トランプ氏が「外交的」ではないのだから、結果的には正しい判断だったと思う。

それでは安倍晋三氏以外にトランプ氏と五分で「渡り合える」政治家が日本にいるのか、と問われれば、つい最近までは「数人しか思いつかないが、実名は勘弁してほしい」と答えていた。トランプ氏は、欧米の百戦錬磨の政治家が軒並み「討ち死に」した相手であり、かつ、プーチン氏、習近平氏といった独裁者のほうに親近感や敬意を持つような「政治家」らしくない政治家だからだ。

ところが筆者は、いまは考えを変えつつある。トランプ氏に対処する方法は、究極的に「いじめっ子」をどう扱うか、という問題に帰結すると思い始めたからだ。トランプ氏と「いじめ」がどう関連するかって？　実際に、そう提唱している政治家がいる。オーストラリアのマルコム・ターンブル元首相がその人だ。

ターンブル氏は２０２４年5月31日の『フォーリン・アフェアーズ』誌に「世界はトランプにいかに対処できるか：『アメリカ第一主義』復活の可能性に直面する指導者へのアドバイス」と題する小論を寄稿している。この内容を読めば、若干気は滅入るが、わずかに希望の光が見えてくると思うのだ。同元首相の以下の論点をどうか熟読してほしい。

- 多くの指導者は、どう媚びれば彼（トランプ氏）の怒りを避けられるかで頭を悩ませているが、その柔軟なアプローチは間違った戦略であるばかりか、米国が最も必要としないものだ。
- 大統領執務室であれ、遊び場であれ、いじめっ子に屈することはさらなるいじめを助長する。
- 米国の緊密な同盟国の指導者たちは、トランプ氏に対し、ぶっきらぼうだが敬意に満ちた率直さで話す機会と責任がある。
- トランプ氏は他の首脳の強さや率直さを好まないかもしれないが、怒りが収まったあとは、そのことを尊敬している。

- 自分の立場に立ち、主張し、引き下がらないことで、私は彼の尊敬を勝ち取った。
- トランプ氏のような人びとから尊敬を勝ち取る唯一の方法は、彼らに立ち向かうことだ。ただし、その反抗には大きなリスクが伴う。
- 私のことを「タフな交渉者」だと、彼は妻のメラニア・トランプに言った。「あなたのようにね、ドナルド」と彼女は答えた。
- トランプ氏は唯一の意思決定者だった。彼はディールメーカーであり、その場で、その場で、あくまでその場でディールを行ないたかったのだ。
- 一方、説得が可能であれば、軌道修正が得策だろう。ただし、そのために外国の指導者はトランプ氏の尊敬を勝ち得、強力な説得をしなければならない。
- 私はトランプ氏に手紙に書き、マット・ポッティンジャー氏がそれを読んでくれた。彼はそれに耳を傾け、そうすることが自分の利益になると説得されたため、考えを変えた。
- いじめっ子のように、トランプ氏も他人を従わせることが無理なときは取引をしようとする。しかし、取引をする段階に至るには、まずいじめに立ち向かわなければならない。

- 外国の指導者たちは、トランプ氏と直接取引し、なぜ自分たちの提案が彼にとって良い取引なのかを説得する必要がある。
- トランプ氏の質問はつねに、「自分になんの得があるのか？」である。彼の計算は政治的であり商業的でもあるが、非常に焦点が絞られている。
- 友好国、同盟国の指導者は、トランプ氏に正直に話せる数少ない一人である。トランプ氏は彼らを怒鳴りつけ、困らせ、脅すことさえできるが、彼らを解雇することはできない。
- 外国の指導者の人格、勇気、そして率直さこそが、第二期トランプ政権で、彼らが米国に提供できる最も重要な助けとなるかもしれない。

要するに、トランプ氏は「いじめっ子」であり、「いじめ」に対処する方法はただ一つ、「勇気をもって立ち向かい、率直に話し、本人の利益になることを伝え、繰り返し強く説得する」しかない。「いじめっ子」に媚びても、屈しても、「いじめ」を助長するだけ、ということである。「目から鱗（うろこ）」とはまさにこのことだろう。

この小論を熟読して、「安倍晋三」的手法以外にも、トランプ攻略法はあるのだと筆者は確信した。ただし、それには相当の厚顔無恥（こうがんむち）というか、精神的タフさが求められる。普通の人間であればＰＴＳＤになるかもしれない。しかし、そこは職業政治家の出番。ターンブル元首相ですら、最初は驚いて不愉快になったそうだから、頑張るしかないのである。

●――集団的自衛権、防衛費増でもトランプは満足しない？

すでに述べたとおり、第一期トランプ政権では、ＮＡＴＯ諸国とは異なり、日米間で安全保障問題に危機的な状況は生じなかった。安倍元首相の努力により、２０１５年に安全保障法制と憲法解釈変更を実現したため、日本も同盟国として「米国を守る」とトランプ氏に言えるようになったからだ。

問題は二期目だが、トランプ氏が安倍元首相とのやり取りを覚えているとは思えない。仮に覚えているとしても、次回は再びゼロからの交渉になることだけは覚悟しておいたほうがよい。報道によれば、ボルトン元大統領補佐官も「トランプが『日本にも米国を守る義務を負わせるよう条約を改正してほしい』と言う」可能性に言及したそうだ（『日本経済新聞』２０２４年3月29日）。

ボルトン氏は「トランプ氏が『日米同盟は不公平』などと主張した際、反論できるよう準備」すべし、駐留経費の額を「トランプは適切でないと考えていた。単に不動産取引としか見ていなかった」と述べている。ここはターンブル元首相のアドバイスどおり、施設提供で「双務性」がある、駐留経費は「特別協定で負担」している、と怯まずに説得するしかない。

仮にトランプ再選となれば、インド太平洋地域の現状を維持するうえで、従来のような米国の協力は期待できないかもしれない。しかし、日本が協力しなければ、結局トランプ政権の「不利益」となることを理解させることは可能だ。米国脱退後に米国抜きでTPPを再生させたように、米国なしでも、日本は自国防衛と力による現状変更阻止の努力を続けるしかない。

◉――トランプ再来で日本経済には追い風？

一方で、トランプ再選の経済的効果についてはさまざまな意見がある。エコノミストではない筆者としては、現時点ではさまざまな見方の一部を挙げることしかできない。本稿執筆時点では、たとえば、トランプ再選についてこんな見方が市場では流れているようだ。

- 拡張財政、関税引き上げなどにより、インフレ圧力が強まる恐れあり。
- 短期金利に低下圧力、中長期金利には上昇圧力でドル高・円安、日本株には追い風。
- トランプ氏のドル安志向、財政拡張政策や金融政策への露骨な介入のリスクあり。
- その結果、通貨の信認低下などで、急速な円高ドル安を引き起こす可能性あり。
- その場合、円安に支えられた株価上昇や国内経済に逆風のリスクあり。
- 「もしトラ」には比較的良好な日本経済、金融市場を一気に暗転させる破壊力がある。
- トランプ氏の電気自動車（ＥＶ）敵視から自動車株には好材料の可能性がある。
- 一方、アメリカ第一主義のもと、防衛関連銘柄の半導体株にはリスクとなる可能性あり。
- 厳しい対中政策が中国から中国以外のアジアへの生産拠点の移転を加速させる。

筆者の最大の関心事は、とにかく日本が米中貿易戦争パート2に巻き込まれないように細心の注意を払うことである。すでに述べたとおり、中国経済は現在、一時的にせよ厳しい状況にある。数字の操作はどうにでもなる中国とはいえ、5％程度の経済成長率を維持するためには、国内企業の生産活動を奨励するだろうからだ。

これを「過剰生産」と呼ぶか否かは別として、この問題が第二期トランプ政権の、というか、トランプ氏個人にとって最大の関心事となる可能性は高い。その際に「ついでに日本も」と批判の矛先（ほこさき）が回ってこないよう、いまから理論武装しておくべきである。いずれにせよ、経済・貿易交渉でもターンブル元首相のアドバイスを肝に銘じておいたほうがよい。

●――まずは国内政治を立て直せ

筆者の結論は「トランプ再選」を恐れるな、ということに尽きる。トランプ氏の大統領選の勝敗にかかわらず、日本を取り巻く国際情勢が今後急速に改善する可能性はほとんどないからだ。インド太平洋情勢の激動は続き、米中露の覇権争いはますます激化するだろう。いま日本に必要なことは、新たな外交を考えるのではなく、国内政治の「立て直し」を進めることだと思う。

「歴史は繰り返さないが押韻する」というのが、人類の歴史だ。直近では、２０２０年代の中国と、１９３０年代の日本は、酷似（こくじ）しているとまでは言わないが、微妙な韻を踏んでいるのではないか。今後国際情勢は一層不確実性を増し、世界各国の政治指導者が「勢いと偶然で判断ミス」を繰り返す時代に逆戻りするのではないか、と筆者は危惧している。

その典型例がトランプ再選の可能性であるとすれば、真の問題は日本が「いかにトランプ再選に対処できるか」ではないはずだ。いま真面目に考えるべきは、むしろ、日本が「流動化する国際情勢のもとで影響力を維持するため、いかに国内政治改革を進めることができるか」ではないかと愚考する。外交は内政の延長であり、すべての政治はローカルなのだから。

おわりに

本稿執筆時点で、2024年の米大統領選挙の行方はまったく見えない。つい最近まで「七つの激戦州でトランプ候補がリード」といった報道が流れたかと思えば、第一稿を書き終えた日本時間5月31日、トランプ氏はニューヨーク州刑事裁判所で陪審員による有罪評決を受けた。量刑は9月になるらしいが、今年ほど選挙戦が読めない年も珍しいのではないか。

6月27日のバイデン・トランプ両氏によるテレビ討論会でバイデン候補は大きな政治的ダメージを受け、7月21日には選挙戦からの撤退を表明した。トランプ氏の「個人攻撃」や「ネガティブキャンペーン」の能力はピカイチであり、バイデン氏が後任として支持した副大統領のハリス氏が11月の大統領選挙でトランプ氏に勝利できる可能性は微妙としか言いようがない。7月13日のトランプ氏暗殺未遂事件もあり、トランプ氏の支持者はさらに団結を深めるだろう。

それはさておき、今回光栄にも「もしトラ」本の執筆を依頼されて、一つ心に決めたことがある。来年2025年は筆者が外務省を退職してから20年という節目の年。その年に米国の大統領となる人物が誰であれ、この本では、1976年のミネソタ州立大学短期留学以来、過去半世紀弱で学んだ米国政治、米国社会、大統領選挙のことをすべて書こうと思った。

本文中にも書いたことだが、日本にも米大統領選挙のオタクは多い。多くは米国政治の専門家で、筆者が逆立ちしても、追いつけない知識と経験の持ち主ばかり。今回は大統領選の結果も見ぬまま、大胆な予想や分析をせざるをえない局面が多かった。万一、本書の内容に不備があるとすれば、それはひとえに筆者の不徳の致すところである。

それにしても、いつも気になるのは米中関係の将来だ。満州をめぐって日米が対立して以来、日本にとって米中関係はつねに最大関心事であり続けた。幸い第二次世界大戦後は、1972年の対中国交正常化や1989年の天安門事件があったものの、台湾を含む東アジア地域の安定と自由航行という現状は概ね維持されてきた。

しかし、トランプ氏が再選され、「アメリカ第一主義」を第一期政権時代以上に、執拗に、かつ徹底的に追求すれば、東アジアの相対的安定と現状維持という、対外貿易に依存する日本にとって最も重要な戦略的利益に悪影響が及ぶ恐れが現実のものとなるかもしれない。本書はそうならないことを祈りつつ書き上げたものである。

最後に、中国についてあらためて述べたい。ポイントは二つある。

第一は、対中「宥和政策」のメリットと限界についてだ。ある独裁者の統治する軍事国家が国際法を無視して軍備増強を続けるとしよう。平和主義の世論を持つ関係国は独裁者の行動を黙認する。その後も、独裁国家の軍事的冒険は続くが、関係国は戦争準備の不足などから独裁者の要求を受け入れる。こうして戦争は回避され、平和が保たれ、各国国民は歓迎するが、独裁者は挑発を続け、最後には悲劇が起きる。いったいどこの国の話だろうか。

この独裁者は金正恩氏でもプーチン氏でもない。1935年にベルサイユ条約合意を一方的に破棄し、再軍備を発表したドイツのアドルフ・ヒトラーである。ネヴィル・チェンバレン英首相は平和主義と戦争準備不足からドイツの要求を受け入れたので世界大戦はいったん回避されるが、1年後、ナチスドイツはポーランドに侵攻し、第二次世界大戦が始まる。欧米では戦争回避を最優先するこの種の稚拙な外交方針を「宥和政策＝appeasement」と呼ぶ。

たとえば、朝鮮半島を例に取ろう。いま、米韓に北朝鮮と再び大戦争を戦う覚悟は本当にあるのか。米韓連合軍は数週間の戦闘で北朝鮮に勝つだろうが、その間ソウルは火の海となり、韓国経済は崩壊する。

一方、中国も北朝鮮を見捨てる気はない。同国は米軍が駐留する韓国と中国の大切な緩衝国。北朝鮮の崩壊は、自由民主主義・市場経済の、潜在的に嫌中で、米軍が駐留し核兵器を保有しかねない統一朝鮮国家と中国が直接国境を接する悪夢を意味する。

北朝鮮はこれらのジレンマを見抜き、関係国の足元を見ている。体制崩壊という究極的危機感でもない限り、金正恩氏は核兵器を放棄しないだろう。歴史の教訓は無慈悲だ。強硬策を決断した独裁者に宥和政策は通用しないのである。台湾問題を考える際も、この点も念頭に置く必要があることは言うまでもない。

第二のポイントは、米中関係についてである。筆者が米中関係の結末を念頭に『語られざる中国の結末』（ＰＨＰ新書）なる本を書いたのは２０１３年だった。あれから11年経つが、当時から筆者の懸念は一貫している。

「中国と米国はいずれガチンコの軍事的対立関係に入るだろう。その際、米中覇権競争の結末として、中国の統一・分裂の可能性、中国の民主化・独裁化・民主化失敗による独裁化の可能性などを考えた場合、はたして米中関係はどうなっていくだろうか……」

こうした懸念に対し、11年前の筆者が苦し紛れに絞り出した回答は次のとおりだ。これらの多くは現在も妥当するものと自負しているが、ここでは最後に筆者の見立てを再録させていただき、読者のご批判を賜りたいと思う。ご関心があれば、詳細は愚書『語られざる中国の結末』をご一読いただきたい。

- 米中がなんらかの戦争ないし戦闘により衝突する場合、中国人民解放軍が米軍を圧倒し、決定的な勝利を収める可能性は低い。
- 他方、こうした戦争ないし戦闘において米軍が優勢となるにしても、中国側は早い段階から決定的敗北を回避すべく、政治決着を目指す可能性が高いので、米側が決定的に勝利する可能性も低い。
- されば、仮に中国が対米戦争で敗北しても、内政上の悪影響を最小限に抑え、中国の統一と共産党の政治的権威をほぼ現状のまま維持する可能性が、現時点では最も高い。
- その場合、中国共産党の指導体制は当面、揺るがない。しかし、米中衝突という異常事態が中国国内の政治経済環境に及ぼす悪影響は計り知れず、いずれ、国内情勢は不安定化していく。
- 万一、国内の政治的安定が崩れれば、中国の分裂が現実味を帯びるだろうが、その場合でも、漢民族の連帯は強く、分離していくのはチベット、ウイグルなどの少数民族に限られるのではないか。
- 可能性は最も低いものの、実現した場合の悪影響が最も大きいのが「漢族分裂」現象であり、その場合には、民主的でない複数の漢族中小国家が生まれる可能性が最も高い。

- 複数の漢族国家が誕生するか否かは、中国人民解放軍がどの程度、軍としての統一を維持できるかにかかっている。
- その場合、各国の軍隊の大小、装備の優劣、とくに核兵器保有の有無が鍵となる。各国軍隊の力が均衡すれば分裂は長期化し、逆に一国の軍隊が突出すれば、いずれ中国は再統一に向かうだろう。

読者の皆さんはどうお考えだろうか。あらためて読み返してみたが、いまも筆者の結論はこれと大きく変わっていない。すなわち、次のとおりだ。

- 仮に米中がガチンコの対立関係に入るとしても、両国間で大規模かつ長期的な戦争が発生する可能性は決して高くない。
- 理由は、中国にとって対米戦争が「勝ち目の少ない戦争」であるのと同時に、米国にとっても対中戦争、とくに中国本土での陸上戦闘は「終わりのない戦争」となる可能性が高いからだ。
- このように、米中両国とも相互に抑止が機能するため、仮に対立が衝突にエスカレートし、さらに衝突が戦闘になったとしても、それが米中間の長期戦に発展する確率は低い。

- ただし、米中の対立は「熱戦」に至らないものの、かなり長期の「冷戦」として続く可能性は高く、その場合、米中「冷戦」がいずれか一方の国力が衰えるまで長く続くことになる可能性が高い。

いずれにせよ、現在の米中の覇権競争は歴史的な経緯を持つ構造的なものであり、大統領や国家主席の交代で終わるものではない。現時点では米中間の貿易「冷戦」が「熱戦」化しないことを切に祈るしかない。

ここまでお付き合いいただいた読者の皆様に対し心からの敬意を表したい。本書執筆に当たってはＰＨＰ研究所の白地利成氏と中西史也氏から多くの知的御指導をいただいた。本書の優れた部分はすべて両氏のおかげであり、逆に出来の悪い部分はすべて筆者の責任である。

最後に、これまで同様、過去40余年、筆者を見捨てず、諦めずに付き合ってきてくれた妻にも感謝したい。

２０２４年7月21日　バイデン氏の大統領選撤退が決まった日に

宮家邦彦

参考文献

第1章

・Roger Cohen "Just How Dangerous Is Europe's Rising Far Right?" *The New York Times*, 5 May 2024.
・Dana Bash and Tal Kopan "30 former GOP lawmakers sign anti-Trump letter" CNN, 6 October 2016.

第2章

・Alicia Melville-Smith「トランプ氏は『バカ』で『アメリカの恥』ロバート・デ・ニーロが痛烈批判」『バズフィード・ニュース』（2016年10月9日）
・Donald Trump, twitter, 23 July 2018.
・宮家邦彦「『勢い』『偶然』『判断ミス』が支配する世界」『Voice』（2019年4月号）

第3章

・Nik Popli and Eric Cortellessa "Exclusive: Trump Says 'Anti-White Feeling' Is a Problem in the U. S." *TIME*, 30 April 2024.
・小池洋次「アメリカに学ぶ政治任用制度　政策本位で広く人材登用を」『日本経済新聞』（2024年1月19日）
・America First Policy Institute "THE AMERICA FIRST AGENDA".
・Jacob Heilbrunn "The Real Danger if Trump Is Re-elected" *The New York Times*, 21 May 2024.

第4章

・John Bolton, CNN This Morning, 16 May 2023.
・Kelly Rissman "Trump finally reveals how he thinks he could end Russia's war in Ukraine in a day" Independent TV, 18 July 2023.

・ジョン・ボルトン『ジョン・ボルトン回顧録　トランプ大統領との４５３日』（朝日新聞出版、２０２０年）
・「トランプ氏もロシア楽観主義に陥った　米国に必要なのはプーチン思考」『朝日新聞』（２０２２年8月24日）
・「ロシア――トランプ氏にどこまでもつきまとう醜聞」BBC News Japan（２０１７年3月3日）
・「『欧州が攻撃されても助けない』トランプ氏発言とEU高官」共同通信（２０２４年1月11日）
・「トランプ氏、ＥＵは貿易上の『敵』」BBC News Japan（２０１８年7月16日）
・宮家邦彦「世界の混乱はトランプが原因か」『Ｖｏｉｃｅ』（２０１８年9月号）
・Institute for the Study of War "AMERICA'S STARK CHOICE IN UKRAINE AND THE COST OF LETTING RUSSIA WIN" 16 April 2024.
・「米議会上院　ウクライナ支援の予算案を審議　23日中にも採決か」ＮＨＫ（２０２４年4月24日）
・「トランプ氏『ウクライナ存続は米にとって重要』、姿勢変化示唆」ロイター（２０２４年4月19日）
・「ＮＡＴＯに『ロシアけしかける』　軍事費負担求め、トランプ氏」共同通信（２０２４年2月11日）

第５章

・Martin Indyk "Disaster in the Desert: Why Trump's Middle East Plan Can't Work" *Foreign Affairs*, November/December 2019.
・Steven A. Cook "Trump's Middle East Legacy Is Failure" *Foreign Policy*, 28 October 2020.
・ボブ・ウッドワード『ＦＥＡＲ：恐怖の男　トランプ政権の真実』（日本経済新聞出版社、２０１８年）
・「トランプ氏側近がイスラエル訪問、ネタニヤフ首相と会談＝関係筋」ロイター（２０２４年5月21日）

第６章

・Donald Trump, twitter, 5 December 2018.
・Jeff Stein "Donald Trump is preparing for a massive new trade war with China" *The Washington Post*, 27 January 2024.
・「米ＵＳＴＲ次席代表、中国の米中第1段階合意の不履行を批判」ＪＥＴＲＯ（ビジネス短信、２０２２年2月2日）
・宮家邦彦「激化する覇権競争はどう決着するのか」『中央公論』（２０１８年9月号）

・「第1弾の米中合意は限定的との見方、背景には米大統領選挙と中国の変わらぬ体制」ＪＥＴＲＯ（地域・分析レポート、２０１９年11月21日）
・「誰が勝っても敗者は中国で決まり―米大統領選、４年前と同じ構図か」ブルームバーグ（２０２４年２月14日）
・"Trump trade war 2.0—Assessing market implications" Franklin Templeton, 27 March 2024.

第７章
・The Department of Defense "Indo-Pacific Strategy Report", 1 June 2019.
・湯澤武「米政権のアジア政策の展望」日本国際問題研究所（研究レポート、２０２１年３月30日）
・ジョン・ボルトン（前掲書、２０２０年）
・Richard Haass and David Sacks "American Support for Taiwan Must Be Unambiguous" *Foreign Affairs*, 2 September 2020.
・Elaine Luria "Congress must untie Biden's hands on Taiwan" *The Washington Post*, 11 October 2021.

第８章
・"Trump laments 'bad news' of Abe assassination" *Politico*, 8 July 2022.
・ジョン・ボルトン（前掲書、２０２０年）
・Malcolm Turnbull "How the World Can Deal With Trump" *Foreign Affairs*, 31 May 2024.
・「トランプ氏再選なら日本に米防衛義務要求　元米高官が言及」『日本経済新聞』（２０２４年３月29日）

おわりに
・宮家邦彦『語られざる中国の結末』（ＰＨＰ新書、２０１３年）

[本文写真]
・p.17、AFP＝時事
・p.53、EPA＝時事
・p.95 〜 102「第二期トランプ政権の閣僚・高官候補リスト」の写真はいずれもパブリックドメインです
・p.107、SPUTNIK/時事通信フォト
・p.139、ABACA PRESS/時事通信フォト
・p.179、AFP＝時事
・p.203、AFP＝時事

図版作成：宇梶勇気

PHP新書

PHP INTERFACE
https://www.php.co.jp/

宮家邦彦[みやけ・くにひこ]

1953年、神奈川県生まれ。東京大学法学部を卒業後、外務省に入省。在中国大使館公使、在イラク大使館公使などを経て、2005年に退官。キヤノングローバル戦略研究所理事・特別顧問、立命館大学客員教授、外交政策研究所代表。著書に『語られざる中国の結末』『劣化する民主主義』『通説・俗説に騙されるな! 世界情勢地図を読む』(いずれもPHP研究所)など多数。

気をつけろ、トランプの復讐が始まる

(PHP新書 1404)

二〇二四年八月二十二日 第一版第一刷

著者——宮家邦彦
発行者——永田貴之
発行所——株式会社PHP研究所
東京本部——〒135-8137 江東区豊洲5-6-52
ビジネス・教養出版部 ☎03-3520-9615(編集)
普及部 ☎03-3520-9630(販売)
京都本部——〒601-8411 京都市南区西九条北ノ内町11
制作協力 組版——株式会社PHPエディターズ・グループ
装幀者——芦澤泰偉+明石すみれ
印刷所 製本所——大日本印刷株式会社

ISBN978-4-569-85751-0

ＰＨＰ新書刊行にあたって

「繁栄を通じて平和と幸福を」(PEACE and HAPPINESS through PROSPERITY)の願いのもと、ＰＨＰ研究所が創設されて今年で五十周年を迎えます。その歩みは、日本人が先の戦争を乗り越え、並々ならぬ努力を続けて、今日の繁栄を築き上げてきた軌跡に重なります。

しかし、平和で豊かな生活を手にした現在、多くの日本人は、自分が何のために生きているのか、どのように生きていきたいのかを、見失いつつあるように思われます。そして、その間にも、日本国内や世界のみならず地球規模での大きな変化が日々生起し、解決すべき問題となって私たちのもとに押し寄せてきます。

このような時代に人生の確かな価値を見出し、生きる喜びに満ちあふれた社会を実現するために、いま何が求められているのでしょうか。それは、先達が培ってきた知恵を紡ぎ直すこと、その上で自分たち一人一人がおかれた現実と進むべき未来について丹念に考えていくこと以外にはありません。

その営みは、単なる知識に終わらない深い思索へ、そしてよく生きるための哲学への旅でもあります。弊所が創設五十周年を迎えましたのを機に、ＰＨＰ新書を創刊し、この新たな旅を読者と共に歩んでいきたいと思っています。多くの読者の共感と支援を心よりお願いいたします。

一九九六年十月

ＰＨＰ研究所